Helmut Friedrich Krause

Der Baustoff der Welt

AF191609

Helmut Friedrich Krause

Der Baustoff der Welt

*Von den bewohnten Gestirnen
und der Ursache der Gravitation*

**Eine einheitliche Feldlehre
aus kosmischer Sicht**

Mit einem Vorwort von Jochen Kirchhoff
und einem Gespräch mit Werner Heisenberg

edition *dionysos*

Bibliografische Information der Deutschen Nationalbibliothek:
Die Deutsche Nationalbibliothek verzeichnet diese Publikation in der Deutschen Nationalbibliografie; detaillierte bibliografische Daten sind im Internet über http://dnb.dnb.de abrufbar.

Autor: Helmut Friedrich Krause, Jochen Kirchhoff
Layout & Satz: Wolfram Bahmann, Uli Fischer
Verlag: BoD · Books on Demand GmbH, Überseering 33,
 22297 Hamburg, bod@bod.de
Druck: Libri Plureos GmbH, Friedensallee 273
 22763 Hamburg
ISBN: 978-3-7597-0412-2

Inhalt

Anhang

**«Wir haben keinen Engel,
der uns die Wahrheit ins Ohr sagt.»**

Vorwort

Der Kosmos als Spiegel und die Projektionen der Naturwissenschaft

Auf der Suche nach einer neuen Kosmologie

«Alles Unbekannte und Dunkle
wird durch psychologische Projektion erfüllt;
es ist, wie wenn sich im Dunkeln
der Seelenhintergrund des Betrachtenden
spiegelte.»

C. G. Jung

«Strafkolonie der Milchstraße»?

Dass es mit der Intelligenz des überwiegenden Teils der Spezies Mensch nicht weit her sein könne, ist nicht nur von notorischen Pessimisten wie Arthur Schopenhauer vermutet bzw. schlicht konstatiert worden. Wie denn auch anders? Es fällt ja leicht, sich angeekelt abzuwenden von der Art und Weise, wie diese Wesen mit allem und jedem scheitern, zumindest *langfristig* scheitern. Das Meer von Blut, Wahn und Dummheit, das diesen Planeten seit Jahrtausenden überschwemmt und unbegreiflicherweise noch nicht aus der Bahn geschleudert hat, ist von niemandem ernsthaft zu verkraften, in kein Bewusstsein integrierbar – es sei denn in das eines sadistischen Dämons von außermenschlicher Herkunft. Was wir heute erleben, wir Nach-Hiroshima- und Nach-Auschwitz-Menschen, ist der Beinahe-Bankrott unserer Spezies, garniert mit einer unübersehbaren Zahl an frommen oder geistreichen oder dümmlichen Phrasen und ideologischen Attrappen.

Es hat da immer wieder nahegelegen, sich Wesen vorzustellen an anderen Orten im Universum, auf anderen Gestirnen, deren Los dem unseren entschieden vorzuziehen, deren Intelligenz der unseren weit überlegen ist. Einige wenige Exemplare des Menschen haben ja gezeigt, was möglich ist, was Menschsein bedeuten kann, welche ungeheuren schöpferischen Möglichkeiten uns eigentlich zu Gebote stehen. Immer wieder auch ist der Gedanke gedacht und literarisch oder philosophisch ausgeformt worden, dass das einzige Potential, das den Erdbewohnern nun wirklich unbestreitbar zur Verfügung steht: das der Zerstörung großen Stils (unter der Maske von Beglückungsideologien), eine Bedrohung bedeutet für die nähere kosmische Umwelt, dass hier Einhalt geboten werden müsse, um den Erdbewohnern nicht die Möglichkeit zu geben, auch noch andere Himmelskörper zu verpesten. Ein berühmtes Beispiel hierfür ist das Monumentaldrama «Die letzten Tage der Menschheit» von Karl Kraus, das mit der Vernichtung der Erdbewohner in einer Art von kosmischem Strafgericht endet, ausgeführt von den Bewohnern des Mars.

Aus jüngster Zeit wäre die satirische Science-Fiction-Erzählung «Das Glück von OmB'assa» von Ulrich Horstmann zu erwähnen. Auch hier sieht sich eine außerirdische Macht genötigt, die Erdbewohner zu vernichten bzw. mittels eines atomaren Infernos einzuäschern, weil auf andere Weise die Bösartigkeit und destruktive Energie dieser Wesen nicht gebannt werden kann. Während das Vernichtungswerk in Szene gesetzt wird, hält in einem unterirdischen Hörsaal ein Wissenschaftler einen akademischen «Festvortrag»; die Erde, so verkündet der Gelehrte (als Sprachrohr Horstmanns?), sei «die Strafkolonie der Milchstraße, wenn nicht noch weiterer kosmischer Regionen». «Alle Neugeborenen der Erde sind aus anderen Welten abgeschobene, verbannte und deportierte Schwerst- und Gewaltverbrecher.» (Frankfurt 1985, S. 122)

Nur in derartigen kosmischen Relationen lässt sich offenbar die schauerliche und blutige Groteske der Menschheitsgeschichte noch verständlich machen. Viele spüren, dass mit uns, den Bewohnern des Planeten Erde, irgendetwas fundamental nicht stimmen kann, dass wir – zu einem beträchtlichen Teil – nur als das Ergebnis einer Fehlentwicklung kosmischen Ausmaßes, einer grausigen Abirrung von einem großen Schöpfungsentwurf zu betrachten sind. Es braucht uns hier nicht zu bekümmern, dass Optimisten und Ideologen aller Couleur einen derartigen

Ansatz für menschenfeindlich, menschenverachtend oder reaktionär halten. Stellen wir uns einmal auf den Standpunkt von Karl Kraus und Ulrich Horstmann (die Erde als Heimstatt von Verbrechern und Psychopathen, dem verdienten Untergang entgegentaumelnd), behalten wir aber zugleich – auch wenn dies zunächst paradox klingt – den großen Hoffnungsimpuls bei, der auf die Erlösung der (inneren und äußeren) Natur und die Rettung des Planeten gerichtet ist, so ergeben sich bemerkenswerte Schlussfolgerungen für das, was gemeinhin als Weltbild bezeichnet wird. – Erlösung der Natur (im Menschen) heißt auch Befreiung des Geistes, Befreiung der Vorstellungswelt, *Erlösung des Kosmos in unserem Denken!*

Die Welt als Projektionsschirm

Wie werden die Bewohner des Verbrecherplaneten die Natur, das heimatliche Gestirn, den Kosmos sehen? Eines lässt sich mit Sicherheit sagen: Sie werden Bilder von Kosmos und Erde entwickeln, die dem eigenen seelischen Zustand entsprechen – Bilder, innerhalb derer sie die Rechtfertigung ihrer eigenen Existenz erleben! Hierin unterscheidet sich auch das sogenannte wissenschaftliche Weltbild – wesensmäßig oder strukturell – nicht vom vorwissenschaftlichen Weltbild oder von beliebigen religiösen Vorstellungen. Der Mensch bedarf der Rechtfertigung seiner Existenz, seines Tuns, seines Denkens und Fühlens, seiner kulturellen Zusammenhänge. Weltbilder leisten dies. Und auch deswegen mag es müßig sein, sie zum Gegenstand erhitzten Streitens zu machen. Dennoch gilt: Weltbilder mit korrespondieren Welthaltungen, Grundeinstellungen als Wurzeln des

Handelns. Wie einer ist, so sieht er die Welt; wie er die Welt sieht, so handelt er auch – wenngleich häufig nicht direkt und unmittelbar, sondern in Widerspruch zu dem, was er zu glauben oder zu wissen vorgibt. Anders gesagt: Stets ist es die Tat, die die Eigentlichkeit einer Überzeugung an den Tag bringt, so etwa (und nicht selten): die pathologische Borniertheit und Winkelperspektive unter der Maske religiöser Ideen.

Messen wir nun das moderne Weltbild an seinen Konsequenzen, so haben wir allen Anlass, ein hohes Maß an Misstrauen an den Tag zu legen – ein Misstrauen, wie es viele gegenüber dem Christentum empfanden und empfinden angesichts der Blutspur, die diese Religion in der Geschichte hinterlassen hat, angesichts der Exzesse des Hasses im Namen der christlichen Liebe ... In meinen Büchern über Kopernikus, Schelling und Giordano Bruno (sowie in der in Bälde veröffentlichten «Anti-Geschichte der Physik», Stand 2025) habe ich die lebensfeindliche Abstraktheit und Absurdität des herrschenden Bildes vom Universum mit der Atombombe und der sich abzeichnenden ökologischen Globalkatastrophe in Zusammenhang gebracht: als zwei Seiten derselben Münze.

Ein Psychopath lebt in einer Wahnwelt; die Wirklichkeit vermag er nicht zu erkennen. Und die Welt wird ihm zum gigantischen Projektionsschirm seiner inneren Deformiertheit, zum Spiegelbild seiner selbst. Die von den theoretischen Physikern und Astronomen mit Inbrunst verkündete Sicht des Kosmos – durch die Massenmedien noch unsäglich popularisiert – kann nur als Alptraum bezeichnet werden: ein monströses Vorstellungsgebilde, das jeder Vernunft, jeder Menschlichkeit und Menschenbezogenheit widerspricht. Wenn die Welt wirklich so aussähe, wie uns die «Kosmologen» einreden wollen, wäre sie –

und könnte sie nur sein – das Werk eines geisteskranken Demi-
urgen, primitiv und bösartig, mit sadistischer Freude am Absurden. Ja, die Welt, das Universum wäre die Manifestation des Bösen und der Sinnlosigkeit, wert, recht bald von einem jener fiktiven «schwarzen Löcher» verschluckt zu werden. Gewaltige Gasbälle in Räumen eisiger Leere, Explosionen, Katastrophen allenthalben, jagende Ausdehnung seit dem fabulösen «Urknall»,
das Leben ein Zufallsprodukt im blinden Würfelspiel einer blöd-
sinnig in sich selbst verstrickten Materie, gekrümmter Raum,
vierdimensionale Raumzeit, usw. usw. Kurz: das Universum als
Chaos. Der Kosmos als Illusion.

Dem wissenschaftshörigen Menschen unserer Tage wird all
dies als «wissenschaftlich bewiesen» oder zumindest wahrscheinlich verkauft. Man verweist auf die (wahrlich beängsti-
gende) Präzision der vorgenommenen Messungen, auf die ehr-
furchtgebietende Kunstsprache der Mathematik, auf die techno-
logisch umsetzbaren Erfolge: etwa die weiche Landung eines
Objekts auf dem Planeten Mars. Hinzu kommt seit einigen Jahren der Versuch, die philosophisch-mathematischen Spekulationen von Relativitäts- und Quantentheorie sowie deren Ableger-
und Nachfolgetheorien spirituell aufzuwerten. Man denke an
den Physiker Fritjof Capra, der als sogenannter Hochenergie-Phy-
siker auf die technischen Großanlagen der Teilchenbeschleuniger
angewiesen ist, mittels derer man dem Weltgeist im Ganz-Klei-
nen auf die Spuren zu kommen hofft, und der andererseits, als einer der Vordenker der New-Age-Bewegung, das Elementarteil-
chenverwirrspiel mit den großen philosophischen und spirituel-
len Entwürfen Asiens in Einklang zu bringen sucht. So kann sich
jeder theoretische Physiker zutiefst gerechtfertigt fühlen (und die
Trostlosigkeit seiner realen Existenz vergessen: die ermüdende

und verwirrende Teilchenjagd im Unfassbar-Winzigen). Wenn es denn solcherart Rechtfertigung überhaupt bedarf; vielen hilft schon der Gedanke, dass sie so etwas wie «Grundlagenforschung» betreiben, wie es großspurig heißt, als sei man den letzten Rätseln des materiellen Seins dicht auf den Fersen. Bald soll gar der «Urknall» auf der Teilchenrennbahn simuliert werden: ein ebenso erheiternder wie abwitziger Gedanke.

Der Mensch begegnet nur sich selbst

Quantentheoretiker betonen stets, dass der Mensch in der modernen Naturwissenschaft im Grunde nur noch sich selbst begegne, dass das Naturbild der heutigen Physik kein Bild der Natur als solcher sei, sondern nur des Menschen Beziehungen zur Natur widerspiegele. Dies wird abgeleitet von bestimmten Postulaten der Quantenmechanik für den Mikrobereich. Ich möchte den verbreiteten Verallgemeinerungen dieser erkenntnistheoretischen Behauptung eine neue Verallgemeinerung hinzufügen, die weniger Anklang finden dürfte, ja bei vielen auf heftige Abwehr stoßen wird. Diese Verallgemeinerung oder Ausweitung lässt sich in dem altpersischen Weisheitssatz zusammenfassen: «Der Kosmos ist wie ein Spiegel.» Wer immer in den Kosmos hineinschaut, erblickt nur sich selbst, aller wissenschaftlichen und mathematischen Modifizierungen ungeachtet.

Dies spannt den Bogen zurück zum Weltbild der Bewohner des Verbrecherplaneten – des «hundstollen Planeten», wie Karl Kraus sagt. Dieses Weltbild trägt pathologische Züge. «Urknall» und Hiroshima gehören engstens zusammen. Wer den Kosmos gedanklich zerstört, zerstört über kurz oder lang auch die organische Ganzheit des ihn tragenden Gestirns und damit sich selbst. Nihilistische Weltbilder produzieren Verhaltensweisen, die auf radikale Vernichtung hinauslaufen. Wer Sonne und Fixsterne als kosmische Kernfusionsöfen imaginiert, u. a. aus der Unfähigkeit heraus, sublimere Lichtvorstellungen zu entwickeln, leistet, bewusst oder unbewusst, seinen Beitrag zur Ermöglichung der atomaren Katastrophe. Es kann kaum ernsthaft geleugnet werden, dass die Atombombe das Resultat der modernen theoretischen Physik ist.

Die pathologischen Züge des modernen Weltbildes sind augenfällig. Und längst ist der Anspruch der Naturwissenschaft, Erfahrungswissenschaft zu sein, verspielt worden. Es wird munter spekuliert und extrapoliert, meist unter Hinweis auf die physikalische Einheit des Universums und die Messergebnisse der vielen komplizierten Apparaturen, die den Laien verschrecken und verunsichern. Auch ist die Arroganz der meinungsbildenden «Forscher» beträchtlich, aller gegenteiligen Beteuerungen ungeachtet. Und Kritiker werden schnell mundtot gemacht oder als intellektuell fragwürdig hingestellt, unfähig, die Präzision und Voraussagekraft der Wissenschaft zu würdigen oder nur zu erkennen. Oft werden pure Glaubenspositionen verteidigt unter dem Vorwand wissenschaftlicher Auseinandersetzung. Staatliche Gelder werden nur ganz bestimmten Forschungsprojekten zur Verfügung gestellt; sich als Elite verstehende Cliquen formulieren die allein zulässigen und möglichen Fragen, was einem unbequemen Außenseiter kaum eine Chance gibt; man spielt sich gegenseitig die Bälle zu und bestätigt sich fortwährend, und zwar über die nationalen Grenzen hinweg. Wer zu weit geht, macht sich lächerlich, verliert die wissenschaftliche Reputation, die Solidarität der eigenen Zunft. Dogmen und Tubus verstellen allenthalben die Sicht.

«Beweise» sind oft nur subtile Zirkelschlüsse, Tautologien oder eindimensionale Auswertungen bestimmter Messdaten, usw. Hinzu kommt die allgemeine Willfährigkeit gegenüber der um sich greifenden Barbarei, den Perversionen des Intellekts (etwa auf dem Gebiete der Waffenentwicklung).

Illusionen als wirkende Energien

Ich habe die Behauptung aufgestellt, dass die in unseren Tagen allgemein anerkannte Vorstellung von der physikalischen Struktur der Sonne und der Fixsterne ihre Entsprechung habe in den atomaren Zerstörungsmöglichkeiten. Dieser Zusammenhang ist zunächst keineswegs einsichtig, gilt doch die herrschende Theorie von der Entstehung des Sonnen- und Sternenlichts als wissenschaftliche Wahrheit, zumindest als Hypothese, die sich vielfältig verifizieren lässt – auf jeden Fall aber als der Welt der Fakten zugehörig, nicht aber der Welt der Werte. Und es ließe sich polemisch fragen, was denn etwa das Fallgesetz mit moralischer, philosophischer oder ästhetischer Wertung zu tun habe. Bekanntlich gehört es seit Galilei zur Essenz wissenschaftlicher Erkenntnisbemühung, Fakten und Werte streng voneinander zu trennen – ein fataler Irrweg, wie wir heute wissen.

In der Geschichte der Naturwissenschaften sind Fiktionen niemals in der genügenden Klarheit von Hypothesen getrennt worden. Hypothesen sind Annahmen oder Vermutungen über bestimmte Zusammenhänge, die – bis zu einem gewissen Grade – auch beweisbar sind, weil sie dem Felde der Erfahrung angehören. Das Fallgesetz etwa ist beweisbar. Fiktionen sind prinzipiell unbeweisbar; es sind Behauptungen über die Wirklichkeit, die zwar nützlich oder hilfreich sein können (häufig sind sie es nicht), aber stets das voraussetzen, was eigentlich bewiesen werden soll. Sie sind zirkelhaft konstruiert; sie können nur aus sich selbst heraus bestätigt werden. Nicht nur Relativitäts- und Quantentheorie sind auf Fiktionen aufgebaut, sondern auch andere theoretische Ansätze der modernen Wissenschaft. Entscheidend für unseren Zusammenhang ist die *Werthaltigkeit* der jeweiligen Theorien, als hier häufig verborgene Seelenschichten ihren Ausdruck finden, Projektionen von Innerseelischem auf die Spiegelfläche der kosmisch-natürlichen Umwelt. *Darum* geht es. Das macht den Streit um Weltbilder oder Theorien zu weit mehr als zur bloßen Kopfsache. Illusionen sind wirkende Energien. Denken überhaupt ist wirkende Energie. Projektionen fließen aus den bewusstseinsmäßig unterpflügten oder verschütteten Schichten der Psyche und können ein gespenstisches Eigenleben entfalten, das wiederum zurückwirkt auf die Seele. Schließlich verfängt sich der Mensch unentrinnbar im Spiegelkabinett der eigenen Projektionen, die er für objektive Realitäten hält.

Die Absurdität der modernen Kosmologie spiegelt die Absurdität und verwinkelte Trostlosigkeit der modernen Seele. Die hinter dem modernen Weltbild stehenden Energien *verhindern* die Erlösung der Natur und die Rettung der Erde.

Nicht Wissenschaftsfeindlichkeit, Irrationalismus oder Mystik ist die schöpferische Alternative zum Alptraum der Gasbälle, «schwarzen Löcher» und anderer Elemente der mathematisierten Sinnlosigkeit (Steven Weinberg: «Je begreiflicher uns das Universum wird, um so sinnloser erscheint es auch.»), sondern: Wissenschaft, die diesen Namen verdient, die das lebendige Subjekt des Wissenden einbezieht, die sich an der lebendigen Erfahrung orientiert – Wissenschaft auf ihrem eigentlichen Niveau, wesensmäßig nicht zu trennen von schöpferischer Philosophie und kosmosverbundener Spiritualität.

Die Physik des Weisen oder des Buddha schneidet nicht, zerschneidet und zertrümmert nicht die Bauelemente der Natur, verliert nicht das Wissen der Einheit, das Wissen des Tao. Die Naturwissenschaft der «Willens- und Verstandeskultur», sagt Carl Friedrich von Weizsäcker, sei «außerhalb ihres Gesichtsfeldes blind». Damit steht sie außerhalb des Tao und ist notwendig (zumindest auf weite Strecken) auch *innerhalb* ihres Gesichtsfeldes blind. «Wissenschaft, die die Welt zerstört», sei «schlechte Wissenschaft» (noch einmal Weizsäcker). Dass die mathematische Naturwissenschaft in der im Abendland verbreiteten Art weltzerstörend wirkt, ist unübersehbar; also ist sie – «schlechte Wissenschaft»! (So weit würde Weizsäcker selbst nicht gehen in seinen Schlussfolgerungen.) Wir brauchen eine Wissenschaft, die den Geist mit der Wirklichkeit versöhnt bzw. den von der Natur – und von sich selbst – entfremdeten Geist, im Wortsinn, *ver-wirklicht*. Wer erlöst den Kosmos bzw. unsere Kosmosvorstellung von den selbsternannten «Kosmologen»?

Zu erkenntnistheoretischen Grundsatzfragen der Naturwissenschaft habe ich mich in den oben genannten Büchern eingehend geäußert; leitend war für mich dabei der Gedanke der kosmischen Relativierung der irdischen Physik, wie er in den Schriften Giordano Brunos zum Ausdruck kommt, und die meiner Überzeugung nach endgültige Überwindung der geozentrisch-scholastischen Verkrustungen der Physik in der Einheitlichen Feldtheorie des Philosophen Helmut Friedrich Krause, die zugleich eine völlig neuartige Gravitations- und Lichttheorie beinhaltet. Diese Feldlehre, die H. Krause in «Der Baustoff der Welt» umreißt, ist für mich der aufregendste physikalische und kosmologische Entwurf unserer Zeit.

«Der Baustoff der Welt» erschien zuerst 1970, war für einige Zeit eine Art Kultbuch für einen kleinen Kreis von Menschen in Deutschland und dann jahrelang vergriffen.

Die existentielle Herausforderung heute ist die Erlösung der Natur, die Wiedergewinnung des Tao, die Rettung des uns tragenden Planeten. Dies beinhaltet notwendig einen Umbau unserer Bewusstseinsverfassung, eine Überwindung unserer absurden Projektionswelt (die uns zur zweiten Natur geworden ist): ein schmerzhafter, langwieriger Prozess, der an tief verwurzelte Tubus rührt, an dogmatische Versteinerungen allenthalben. – Am Beispiel von Sonne und Licht lässt sich die Grundstruktur unserer Projektionswelt paradigmatisch verdeutlichen.

Die Sonnenofenfiktion: ein Relikt des Mittelalters?

Wer heute die prinzipielle Bewohnbarkeit aller Gestirne einschließlich der Sonnen behauptet, macht sich schlicht lächerlich (um das Geringste zu sagen). Diese Auffassung wird als so abenteuerlich, abwegig und letztgültig widerlegt angesehen wie die antike und mittelalterliche Vorstellung von der Mittelpunktstellung der Erde im Kosmos. So findet die Sonnenofenfiktion allgemeine Anerkennung, weniger wegen der Kernfusionstheorie als wegen der sinnlichen Unmittelbarkeit dieser Annahme: Hier die glühende, Licht aussendende Metallplatte, dort das glühende, Licht aussendende Zentralgestirn; warum sollen im Kosmos, also auf der Sonne oder zwischen Erde und Sonne andere physikalische Gesetzmäßigkeiten gelten? Hat nicht die neuzeitliche Physik gerade die *Einheit* des materiellen Universums bewiesen, die Universalität der physikalischen Gesetze? Bedeutet nicht die Infragestellung dieser Einheit einen Rückschritt, den Weg in die vorkopernikanische, vorgalileische Ära? Die letztere Frage kann eindeutig verneint werden; das Gegenteil ist der Fall: Gerade die Sonnenofenfiktion ist ein mittelalterliches, am naiven Realismus orientiertes Relikt, wie schon Giordano Bruno in seinen frühen kosmologischen Schriften von 1584 gezeigt hat.

Was der Durchsetzung des Kopernikanismus am meisten im Wege stand, war die Suggestivkraft der unmittelbaren Sinneserfahrung: die Unverrückbarkeit des uns tragenden Bodens. Dass dieser Boden in rasender Bewegung begriffen sein könne, obwohl dies weder sinnlich noch physikalisch direkt nachweisbar ist, hatte zunächst wenig Wahrscheinlichkeit. Erst Giordano Bruno hat diesen Umstand zum Anstoß einer Totalrelativierung der sinnlichen Wahrnehmung überhaupt genommen, die die Wahrnehmung der kosmischen Umwelt einschließt. Ausgehend von der Prämisse der sinnvollen Ordnungsstruktur des Universums bzw. der ihm innewohnenden göttlichen Weisheit, kam Bruno zu der Erkenntnis, dass es keinen toten Winkel im All geben könne, dass jeder Himmelskörper grundsätzlich die Möglichkeit haben müsse, Leben und Intelligenz hervorzubringen. Wenn etwa die gleißende Helligkeit der Sonnenscheibe den Schluss nahelegt, die Sonne selbst sei ein ungeheuer heißer Körper, so ist dies nach Bruno eine geozentrische Täuschung, Symptom der Unfähigkeit, die irdische Winkelperspektive zu überwinden. Die Erscheinung der Sonne sei von ihrer physikalischen Wirklichkeit zu trennen. Noch Newton und mit ihm viele Denker und Wissenschaftler der Aufklärungsepoche hielten die Sonne für ein bewohntes Gestirn, wobei sie geleitet wurden von dem Postulat von der Allgegenwart der Vernunft im Kosmos.

Das änderte sich dann grundlegend in der zweiten Hälfte des 19. Jahrhunderts (ausführlicher dazu in der Anmerkung 10). Auch wenn es den herrschenden Vorstellungen in Sachen Erkenntnistheorie der Physik und Astronomie radikal widerspricht, soll hier die These aufgestellt werden, dass die physikalische Beschaffenheit der Sonnenoberfläche mit dem üblichen Instrumentarium der Naturwissenschaft nicht erkannt und beschrieben werden kann. Auch ist es unmöglich, die Oberflächentemperatur der Sonne direkt und gleichsam voraussetzungslos zu ermitteln.

In meinem Kopernikus-Buch (edition dionysos, S. 14) habe ich geschrieben: «Um der nachkopernikanischen Selbstgefälligkeit der Wissenschaft zu entgehen, tun wir gut daran, die Kosmosmodelle der abstrakten Naturwissenschaft mit einem hohen Maß an Skepsis zu betrachten und sie nicht vorschnell mit der ‹Wahrheit› des Universums zu identifizieren. Schon der erkenntnistheoretische Ansatz der mathematischen Naturwissenschaft müsste zu höchstem Misstrauen herausfordern, wenn es um die Realitätserfassung lebendiger Ganzheiten geht. Bekanntlich besteht die Wissenschaftsmethodik seit Galilei darin, unter Negierung der unmittelbaren Erfahrung nur dasjenige als ‹objektiv› anzuerkennen, was sich quantifizieren lässt, und hieraus, unter weitgehender Beschränkung auf beobachtbare Größen, ein in sich widerspruchsfreies Bild der Wirklichkeit zu konstruieren. Naturgemäß kommt das Leben darin nicht mehr vor. Zur Wissenschaftsmethodik gehört ferner die eigentümliche Ontologisierung der mathematischen Erkenntnismittel, das heißt die Gleichsetzung von Mathematik und objektiver Realität. Physikalische Widersprüche und Unverträglichkeiten werden mittels der Mathematik ausgeschaltet und für ‹aufgehoben› erachtet. –

Mit einigem Recht kann der abstrakt-mathematischen Betrachtungsart eine lebensfeindliche Tendenz unterstellt werden, wie dies selbst in den Reihen der Physiker wiederholt geschehen ist. Wenn die Naturwissenschaft letztlich auf eine Welt hin konstruiert ist, in der mit den Widersprüchen des Lebendigen auch der Mensch eliminiert wird, wie jüngst der Physiker Herbert Pietschmann betonte, dann ist von einer derartigen Betrachtungsart, wenn sie sich der Kosmologie zuwendet, kaum etwas anderes zu erwarten als die Behauptung, der Kosmos kenne das Prinzip Leben nur als Ausnahme und Zufallsprodukt.

Was ‹wissen› wir über den Kosmos, seine Gesetze und sein inneres Gefüge, die ihn konstituierenden Prinzipien und Kräfte? Sind wir ‹weiter› als Kopernikus, jedenfalls was die kosmischen Regionen außerhalb des Planetensystems anlangt? Die Beantwortung dieser Fragen hängt letztlich von erkenntnistheoretischen Grundsatzentscheidungen ab, die erheblich ‹tiefer› und schwieriger sind, als zumeist angenommen wird. Wir registrieren die Fixsterne auch mit Hilfe der größten Fernrohre nur als strukturlose Punkte; präzise Aussagen über Dichte, Temperatur und Entfernung entbehren der experimentellen Nachprüfbarkeit. Die Legitimität der Extrapolation physikalischer ‹Naherfahrung› in die abgründigen Weiten des Alls bleibt unbeweisbar.»

Gravitation als Schwellenkraft
und die Spiritualisierung der Gestirne

Schon der große Physiker Michael Faraday (der kein Mathematiker war) hat vermutet, dass es sich bei der Gravitation um ein Strahlungsphänomen handeln müsse, «dass also der Schwerkraft Strahlungsenergie zuzuordnen sei». «Dem Energiesatz zufolge kann diese Gravitationsstrahlung nur aus einer anderen Energieform entstanden sein; sie muss aus einer Energieumwandlung gespeist werden. Aus dem Ansatz Faradays folgt, konsequent weitergedacht, dass diese Energieform nur die Materie selbst sein kann bzw. die in ihr gebündelten und schwingenden Energien, von denen Faraday eine sehr subtile Vorstellung hatte.» (Anmerkung 11) Helmut Friedrich Krause ist, physikalisch gesehen, der Vollender der Faraday-Maxwellschen Feldtheorie; zugleich weist seine Feldlehre eine spirituelle Dimension auf, die sie mit der Spiritualisierung der Materievorstellung im tantrischen Buddhismus verbindet.

Nach H. Krause ist das radialsymmetrische Schwerefeld der Erde (und aller Gestirne) die Folge einer Materiezerstrahlung, eines Materiezerfalls im Gestirnkern. Kraft ungeheuren Drucks reißen die Bindekräfte der Materie und verstrahlen in radialer Form, die Gestirnmaterie wie Schaum durchschlagend, in die Weiten des Alls. Diese Materieauflösung, die einer Rückverwandlung der Materie in ihren energetisch-substantiellen Ursprung entspricht, ist ein unaufhörlicher Prozess: *der* Grundprozess der physikalischen Welt. Gravitation ist nicht einfach mit der Materie gegeben, sondern muss stets erneut gespeist werden durch den Zerfall der Materie im Gestirninnern. Die freiwerdende Energie – in Form des radialsymmetrischen Feldes – gehört der Sphäre des Unendlichen und Absoluten an. Die Kernverstrahlung durcheilt das All mit unendlicher Geschwindigkeit (der Faktor t – Zeit – existiert nicht). Gravitation ist die Schwellenkraft, in der sich Relatives und Absolutes berühren. Die Urenergie wird von H. Krause «Weltwille» und «Raumenergie» genannt.

Die von Krause aufgezeigte Materieverdichtung im Gestirnkern, die den gängigen Vermutungen über den Gestirnaufbau widerspricht, hängt mit der Radialität des Energiefeldes zusammen. Nach der Massenanziehungsfiktion (Newton) kann diese Radialität bzw. die Abnahme der Schwerewirkungen mit dem Quadrat der Entfernung erst von der Gestirnoberfläche an Gültigkeit haben und auf keinen Fall Richtung Erdmittelpunkt «weitergedacht» werden. Seit Newton wird die «Masse» des Erdganzen (bei Newton selbst schlicht: «Materiemenge», das Produkt aus Dichte und Volumen) als physikalische Ursache der Gravitation angenommen, als die Summe der Massenanziehungswechselwirkungen aller materiellen Teilchen, die das Gestirn konstituieren. Wenn dies so wäre, könnten die Schwerewirkungen von der Erdoberfläche Richtung Erdkern naturgemäß nicht mit dem Quadrat der Entfernung zunehmen. Die der Radialität des Feldes entsprechende Zunahme der Schwere im Gestirninnern, wie sie Krause plausibel gemacht hat, hat zur Folge, dass die Schwerewirkungen im Erdzentrum unvorstellbar groß sein müssen. Natürlich treten schon von einer bestimmten Erdkernnähe, einer nicht berechenbaren Tiefenstufe an Materiezerfallprozesse auf. Die Gravitationswirkungen heben sich im Gestirnzentrum gegenseitig auf, was zu der verblüffenden «Pointe» führt, dass das Gestirnganze weder «träge Masse» noch «schwere Masse» im Sinne der klassischen Mechanik haben kann. Was den Eindruck der Trägheit erweckt, ist eine Art Verstrahlungswiderstand, den jeder Himmelskörper der kosmischen Umweltstrahlung entgegensetzt.

Die differenzierten Wechselwirkungen der Energiefelder der Gestirne bestimmen alle Bewegungsvorgänge im Kosmos. In Relation zum eigenen Kernverstrahlungsfeld «ruht» jedes Gestirn; daher die Unmöglichkeit, die Erdbewegung mechanisch oder optisch direkt nachzuweisen. Das Gestirn wird durch und über das eigene Energiefeld, das alle physikalischen Prozesse als Führungsfeld bestimmt, zum quasi-ruhenden Bezugssystem. Daher auch die bekannte Ergebnislosigkeit des Michelson-Morley-Versuches! Wenn man alle im 19. Jahrhundert verbreiteten mechanistischen Vorstellungen feldgerecht korrigiert, kann das Raumenergiefeld als «Äther» bezeichnet werden, der, radial strukturiert und dem Gestirn unlösbar verbunden, das Medium für Schwingungsvorgänge darstellt, die u. a. als Elektromagnetismus und Licht manifest werden.

Im Gegeneinanderwirken werden die Kernzerfallfelder der Gestirne, die in reiner Form als wellenlos zu betrachten sind, zu Wellenform «gestaucht» (wie Krause wörtlich sagt); es entstehen Stauchungszonen unterschiedlicher Art und Intensität, die im Bereich der jeweiligen Gestirnoberfläche auch mit Schwereverminderungen einhergehen. So kommt es zu den Gezeitenrhythmen der Meere, aber auch zu analogen Rhythmen der festen Materie. Licht *entsteht* im Gegeneinanderwirken der Energiefelder; es ist eine Zustandsänderung der Raumenergie, und kein Himmelskörper ist selbst oder als solcher eine Quelle des Lichts und der Wärme. Überall kann es zu lebenermöglichenden Zustandsformen der Felder kommen. Das Prinzip Leben ist allgegenwärtig im Kosmos. Heiße Gasbälle in eisiger Leere: Dies ist eine bloße Projektion ohne kosmischen Wahrheitsgehalt.

Die Energiefelder der Sterne sind einem lebendigen Prozess des Werdens und Vergehens unterworfen. Bei zeitlicher und räumlicher Intensitätsabnahme der Verstrahlung kommt es zu einer (scheinbaren) Fluchtbewegung ferner kosmischer Objekte, wobei die Geschwindigkeit proportional zur Entfernung wächst («Flucht der Spiralnebel»). Diese Fluchtbewegung, die sich aus der Rotverschiebung in den Spektren der Galaxien ablesen lässt, unter Heranziehung des Doppler-Effektes als eine *reale* zu missdeuten, ja gar eine «Expansion des Weltalls» zu fingieren, ist ein deutliches Symptom für die Unfähigkeit, das geozentrische Verhaftetsein des Denkens zu überschreiten. Auch in der nachkopernikanischen Ära sind die Restbestände scholastischer Denkstrukturen beträchtlich – ein Umstand, der nur dadurch verschleiert wird, dass die Welt eine gedankliche Entgrenzung erfahren hat und zugleich die Technik jederzeit die objektive Gültigkeit mechanischer und elektromagnetischer Gesetze offenbart. Dies hat zu dem Trugschluss geführt, die mathematisch erfassbare Schicht der Erfahrungswelt sei nunmehr beliebig übertragbar und ausweitbar, also auch auf den Kosmos in seiner Unermesslichkeit und Vielfalt.

Man erkennt nur das, was man ist

Der kosmische Spiegel bleibt die eherne Grenze rationaler Wirklichkeitserfassung. Und stets werden nur jene Schichten «erkannt», die der eigenen seelisch-geistigen Struktur entsprechen. Die Oberflächentemperatur des Sirius beispielsweise ist kein Gegenstand naturwissenschaftlicher Erfahrung, von der

Kosmologie oder Kosmogonie zu schweigen. Offenbar vermag nur der zum Buddha-Bewusstsein Geordnete sich mit dem kosmischen Spiegel in Übereinstimmung zu bringen, ja dieser gleichsam selbst zu *werden*! Auch in der Monadenlehre Giordano Brunos finden sich analoge Gedanken. Nur in jener höchsten Form des Bewusstseins werden die mit dem Menschsein gegebenen Projektionen überwunden. (Eine andere Frage ist es, ob nicht dem Inkarniertsein schlechthin Illusionen und Täuschungen anhaften, die selbst ein Buddha, solange er noch verkörpert ist, nicht vollständig ausschalten kann.) Es gehört zu den nicht endenden Bewusstseinsaufgaben des Menschen, an der Befreiung aus dem Gefängnis der Ego-Projektionen zu arbeiten, Schicht um Schicht der Illusionsprojektionsschirme abzutragen oder aufzulösen, den Block des Schlafes und der Unbewusstheit zu zerschlagen.

Die kosmische Brille des Erdfeldes

Sicher können auch unterhalb der «Erleuchtungsschwelle» sinnvolle Aussagen über den Kosmos gemacht werden, nur werden diese über die Beschreibung bestimmter Ordnungsformen der Erscheinungen nicht hinauskommen. Ein Denken, das sich in eindimensionalen Kausalverknüpfungen der Dinge manifestiert, ist in Grenzen durchaus sinnvoll oder gar notwendig für das gesellschaftliche Zusammenleben und die Alltagsorientierung des Einzelnen (u. ä.), nur: Es ist absurd, dieses selbe Denken auf das Universum anzuwenden. Das führt beinahe zwangsläufig in die Narretei. Der Intellekt bleibt eine «Flächenkraft» (wie Schopenhauer sagt), er bringt stets nur sich selbst hervor. Auch sind die

Wahrnehmungsformen des kosmischen Subjekts Erde, die sich aus dem Kernverstrahlungsfeld ergeben, nicht mittels intellektueller oder mathematischer Kunstgriffe aus den Angeln zu heben. Wir sehen die kosmische Umwelt durch die Brille dieses Feldes.

Das Feld ist gleichsam das An-Sich der Materie, die fundamentale Bestimmungsgröße aller physikalischen Prozesse bis in den Mikrobereich hinein. Das Feld trägt und ermöglicht die materielle Welt, und über seine unmittelbarste Wirkung – die Schwere – sind alle Körper im Gestirnbereich ihm unlösbar verbunden. Gerät das Feld, durch die Einwirkung anderer Kernzerfallfelder, in Schwingungen, werden alle Schwereverhältnisse dadurch beeinflusst. In dieser *echten* Relativitätstheorie wird auch das Licht zur feldbedingten Variablen, und *nur das Kernverstrahlungsfeld* verbleibt als absolute Größe.

Über die Oberflächenbedingungen etwa der Sonne oder des Jupiters lassen sich nur wenige Aussagen machen; hier müssen ungeheure Stauchungszonen in Gestirnnähe vorliegen, eine erhebliche Verschiebung der Regenbogenskala des sichtbaren Lichts, vielleicht gar lebenermöglichende Strahlungsverhältnisse; auf keinen Fall jedoch werden glühende Gase die Oberfläche bestimmen. Gestirnoberfläche wie Gestirnaufbau müssen fest und «kalt» sein; das folgt aus der radialen Form der Kernzerfallfelder.

Wenn es gelänge, mittels Landung einer Sonde auf der Jupiteroberfläche nachzuweisen, dass die Gestirnoberfläche fest ist, wäre das Newtonsche Gravitationsgesetz – die mechanistische Massenanziehungsfiktion – endgültig widerlegt, und keine noch so kluge Manipulation oder Modifizierung der bekannten Art (von Seeliger bis zu Einstein) könnte dies ändern. Der Grund ist einfach: Im Fall einer festen Oberfläche des Jupiters müssten gemäß der Massenanziehungsfiktion die im Sonnensystem ausgeübten gravitationellen Störwirkungen erheblich größer sein, als sie real sind (siehe Anmerkung 6).

Dass der größte Planet – wie bekannt – erheblich mehr elektromagnetische Strahlungsenergie abstrahlt, als er den herrschenden Überzeugungen zufolge von der Sonne eingestrahlt erhält, können die Physiker und Astronomen nur erklären, indem sie den Jupiter zu einer Quasi-Sonne machen, indem sie ihm Eigenschaften andichten, die partiell auch für die Sonne unterstellt werden.

Die Krausesche Feldlehre liefert eine recht einfache Deutung dieser «Abstrahlkapazität» des Jupiter: *Alle* Himmelskörper mit Eigenverstrahlung müssen einen strukturell ähnlichen Aufbau haben; es gibt weder gigantische Gasbälle noch feuerflüssiges Magma in Tiefenschichten der Gestirne. Vulkane sind nach Krause das Ergebnis eines Aggregatwechsels von ursprünglich fester Materie beim schnellen Durchgang in Zonen geringerer Felddichte: Mit Annäherung an den Erdkern verstärken sich die Schwingungsvorgänge der Materie, der Schmelzpunkt ist von der Felddichte abhängig. Wird feste Materie aus tieferen Erdschichten in großer Geschwindigkeit nach oben gepresst, so erfolgt ein Aggregatwechsel, weil die atomaren Schwingungen sich erst mit einer gewissen Verzögerung den geänderten Feldbedingungen – dem verringerten Druck als Folge der geringeren Felddichte – anpassen können. Das Zusammenwirken von vermindertem Druck und hoher atomarer Bewegungsgeschwindigkeit bringt die Materie zum Schmelzen.

Kosmische Physik – Physik des Buddha

Wenn überhaupt von einem «Tao der Physik» gesprochen werden kann (um die berühmt gewordene Formel Fritjof Capras aufzugreifen), dann scheint mir die Feldlehre des Philosophen Helmut Krause dieses Etikett zu verdienen. Sie ermöglicht nicht nur physikalische und kosmologische Einordnungen von kristallener Einfachheit, sondern kündet zugleich von dem Weisheitsprinzip, das offenbar auch die materielle Welt bestimmt. Hier liegt wirklich eine *kosmische Physik* vor, die die erdoberflächenverhaftete Mechanik zu relativieren vermag. Diese kosmische Physik hat eine metaphysische, eine spirituelle Grundlage, die etwas erahnen lässt von der Harmonie mit dem kosmischen Spiegel. Mit Einschränkungen könnte die Lehre von den Energiefeldern der Gestirne auch als eine Art Physik des Buddha bezeichnet werden: Sie macht den Maya-Charakter der materiellen Welt sinnfällig, die ihr innewohnende, sie konstituierende «Leere» (im Sinne der shunyata-Vorstellung). Sie zeigt die spirituelle Struktur der Materie, ihre potentielle «Durchsichtigkeit», von der die Esoterik des tantrischen Buddhismus zu berichten weiß.

Die Gestirne – in der Newtonschen Himmelsmechanik träge und schwere Materieklumpen, die umeinander herumfallen – werden als sublime Großorganismen gesehen, getragen und durchdrungen von ihren Kernenergiefeldern, deren universelles Wirken der Sphäre des Göttlichen zugeordnet werden kann. Die irdische Physik findet hier ihre kosmische Fundierung. Und das Bestreben, die Materie von innen her aufzubrechen, um derart an die in ihr gebannten Energien heranzukommen und diese verfügbar zu machen, erweist sich als langfristig tödlicher Irrtum, als Verbrechen gegen die Grundlagen alles Lebendigen.

Die Rücknahme der Projektionen

Die Zerstörung des Kosmos in unserem Denken entspricht der Zerstörung der Erde; beides spiegelt die Natur- und Kosmosfremdheit der modernen Seele. Unlebendige Weltbilder führen stets zu lebensfeindlichem Handeln. Und pathologischer Wirklichkeitsverlust führt langfristig zur Wirklichkeitszerstörung. Zur Erlösung der Natur gehört die Erlösung des Kosmos in unserem Denken, gehört die Überwindung der wahnhaften Idee eines leblosen und menschenfeindlichen Universums. «Schwarze Löcher» und ähnliche Monstrositäten sind Projektionen des Vakuumstrudels der modernen Seele. Die Lehre vom «Urknall» spiegelt die mörderischen und explosiven Schichten der modernen Naturwissenschaft ...

Nur zuhöchst individualisierte und an der Überwindung ihrer Projektionen arbeitende Geister werden in der Lage sein, den unaufhaltsam scheinenden Sog ins Chaos zu stoppen, die Pervertierungen des Denkens zu überschreiten, das Wüste Land zu erlösen.

«Unser menschliches Verständnis» schreibt der große Moralist und Wissenschaftskritiker Erwin Chargaff, «stumpf gemacht durch das einschläfernde Gelalle der Erklärungswissenschaften», sei «der Wirklichkeit nicht mehr gewachsen». «Sie ist nämlich einfach wie am ersten Tag.» Und: «In der Nacht, in der wir leben, sind wir dankbar für Belsazars Leuchtbuchstaben. Aber sie verkünden nichts Gutes. Eins steht fest: Wer die Zukunft retten will, muss diese Gegenwart zerbrechen.» (Aus: «Kritik der Zukunft», Stuttgart 1983, S. 101 und S. 95).

Jochen Kirchhoff
Berlin, im April 1987 und im Juli 1990

Zum Verfasser des Vorworts

Jochen Kirchhoff, geb. 1944, lebt als Philosoph und Schriftsteller in Berlin. Mehr als 60jährige Studien und Forschungen zur Fundamentalkritik und Grenzbestimmung der mathematischen Naturwissenschaft und zur Grundlegung einer Naturphilosophie, die neben ökologisch-ganzheitlichen auch tiefenpsychologische und spirituelle Komponenten umspannt. Autor von naturphilosophischen Schriften (siehe Anhang). Vorlesungen, Vorträge und Seminare zu den Themen der Bücher. Mitarbeit an philosophischen/literarischen Zeitschriften.

Weitere Details unter: jochenkirchhoff.de

Der Baustoff der Welt

«Es erscheint unsinnig, anzunehmen,
irgendein Teil der Welt sei ohne Seele,
ohne Leben, ohne Sinn
und folglich unbelebt:
Es ist ausgesprochen töricht und gemein,
zu glauben, es gäbe
keine anderen Lebewesen,
keine anderen Sinne,
keine anderen Intelligenzen,
als sie unseren Sinnesorganen erscheinen.»

Giordano Bruno

Goethe–Newton und die Polarität des Weltalls

Das hier vorgelegte Ergebnis intuitiver Erkenntnisse, das den Denkergebnissen des Abendlandes diametral entgegensteht, geht auf eine Geisteshaltung zurück, die unseres Wissens im Abendland nur von einem Denker eingenommen worden ist, von Giordano Bruno. Da er mit 44 Jahren von der Inquisition verhaftet und nach 8jähriger Haft am 17. Februar 1600 christl. Ztrg. verbrannt wurde, sind die von ihm vorgelegten Denkergebnisse nicht vollständig. Doch was auf uns überliefert wurde, gibt uns die Möglichkeit, die oben ausgesprochene Behauptung aufzustellen, für die wir im weiteren Verlauf entsprechende Belege herausstellen werden.

Für das Abendland ist die Geisteshaltung des Verfassers und das vorgelegte Ergebnis so fremdartig, dass wir zur Demonstrierung der Gegensätzlichkeit auf eine Aussage des Inders Mahatma Gandhi zurückgreifen wollen. Gandhi hielt die altindische Kultur der des Abendlandes für weit überlegen. Indien müsse sich von der «Maya» – der Illusionskraft des Westens – loslösen, um die geistige Macht der Vergangenheit aufs Neue entfalten zu können. Eine Befreiung von der verderblichen Herrschaft des Abendlandes sei aber nicht durch gewaltsame Mittel zu erreichen, sondern allein durch *Satyagraha* («Ergreifen der Wahrheit» durch Seelenstärke).

Was wir hier nun vorzulegen haben, beweist, dass auch innerhalb des Abendlandes eine Geisteshaltung gelebt werden konnte, die zur Ergreifung der Wahrheit – zur Beseitigung der Illusionen des Abendlandes, der «Maya» führt. Diente der Aufruf Gandhis vor allem der Erlösung des indischen Volkes von der Fremdherrschaft, so soll die Ergreifung der Wahrheit im Abendland dazu dienen, gleichsam in letzter Stunde die Befreiung vom gewaltsamen, kriegerischen Denken in der Politik und der Wissenschaft herbeizuführen. Um in das Gebiet einzuführen, das der Gegenstand unserer Untersuchungen ist, greifen wir auf einen alten Streit zurück, der zwischen Persönlichkeiten grundverschiedener Geisteshaltung entbrannte. Auf dem Gebiet der Naturerforschung begegnete Goethe den Ansichten Newtons und seiner Anhänger, und bis heute ist dieser alte Streit nicht ausgetragen. Wer die Farbenlehre Goethes studiert, ist recht erstaunt, festzustellen, dass unser «Olympier» bei dieser Auseinandersetzung die Ruhe einbüßte, ja – dass er sogar sehr grob wurde. Helmholtz, der diesem Streit gleichfalls vor etwa 100 Jahren nachging und der natürlich als Physiker seinem großen Lehrmeister Newton beipflichtete, glaubte der Heftigkeit Goethes wenigstens soviel entnehmen zu können, dass es sich um den Zusammenprall grundverschiedener Geister handelte. Worum es dabei ging, sei zunächst zurückgestellt.

Wir wollen die grundverschiedene Geisteshaltung der beiden Männer herausarbeiten, um Klarheit über jene seltsame Feindseligkeit Goethes gegenüber Newton zu gewinnen, verbirgt sich doch dahinter mehr als eine bloße Meinungsverschiedenheit. Isaac Newton, der Begründer der «mechanischen Welterklärung», war Mathematiker, Physiker und der Geisteshaltung nach Rationalist – wenigstens bis zum Ende jener Lebensphase, in der er von seinen Bewunderern noch ernst genommen wurde. Nach dem Studium seiner Lehre glaubte später Laplace sagen zu können, dass er «die Hypothese Gott» nicht mehr nötig habe.

Goethe, der zum «Faust» den «Prolog im Himmel» schuf, der in seinen Weltanschauungsgedichten «theistisch» war und es auch – ungeachtet seiner antichristlichen Einstellung – bis zum

Ende blieb, war Spiritualist. Da es auch einen naturfeindlichen Spiritualismus gibt – das Christentum –, müssen wir also besonders hervorheben, dass Goethe seiner geistigen Grundkonzeption nach ein *naturverbundener* Spiritualist war.[1]

Nun gibt es aber keinen größeren Gegensatz als den zwischen dem naturverbundenen Spiritualismus und dem Rationalismus. Während zwischen dem Letzteren und dem naturfeindlichen Spiritualismus durchaus Brücken geschlagen wurden, oft sogar ein gutes Einvernehmen untereinander bestand und besteht – man denke an Pascual Jordans Feststellung, dass sich Christen wie Physiker nur einem Gegner gegenübersähen, dem Metaphysiker –, kommt es zwischen dem naturverbundenen Spiritualisten und dem Rationalisten zum hellen Aufleuchten eines nur mühsam verborgen gehaltenen Gegensatzes, der gleichsam auf die geistige Polarität des Weltalls zurückgreift.

Unter Polarität des Weltalls verstehen wir einen urtümlichen strengen Dualismus, dem etwa in Griechenland die Ausdrücke Kosmos und Chaos entsprechen. Das Wort «Kosmos», von Anaximandros (griechischer Philosoph um 600 v. Chr.) eingeführt, bedeutet Schmuck und Ordnung, und da der Ausdruck sich auf das Weltall bezieht, auf die Gestirne, die voller Ordnung aufziehen und untergehen, so enthält das Wort auch die strenge Gesetzmäßigkeit dieser Vorgänge. Das Wort «Chaos» – als Gegensatz zum Wort «Kosmos» – bedeutet dann nicht nur Formlosigkeit, sondern auch Gesetzlosigkeit. In einen polaren Spannungszustand ist nach alten Überlieferungen der Mensch hineingestellt und hat sich zu entscheiden – entweder für das Gesetz, «wonach Du angetreten» – wie Goethe sagte – und für eine göttliche Ordnung, oder aber er wird sich durch eine bewusste oder unbewusste Missachtung der Natur gegen die Gesetze der Schöpfung auflehnen – empören. Treffen führende Persönlichkeiten dieser größten geistigen Gegensätze aufeinander, dann sprüht es natürlich, und die Heftigkeit des Streits belehrt uns, dass es bei geistigen Auseinandersetzungen in einem höheren Sinne um Sein oder Nichtsein gehen kann.

Als Platon sich mit dem häufig beschworenen Ahnherrn der modernen Naturwissenschaftler – Demokritos – auseinandersetzte, kam es wohl zu ähnlichen Ausbrüchen, wie wir es bei Goethe im Zusammenprall mit Newtons Ansichten über die Farben erlebten. Platon prangert in seinem Dialog «Sophistes» die Rationalisten materialistischer Prägung mit folgenden Worten an:

«Sie ziehen alles aus dem Himmel und dem Unsichtbaren auf die Erde nieder, indem sie sich an Felsen und Eichen mit den Händen anklammern und steif und fest behaupten, nur das habe Dasein, was sich fassen und greifen lasse, und es sei Körper und Wesen ein und dasselbe; wer aber sagt, es gäbe doch auch Unkörperliches, den verachten sie tief und wollen ihn nicht weiter anhören.»

Die Schriften des Demokritos soll Platon verbrannt haben.

Der naturverbundene Spiritualist ist der Überzeugung, dass die Welt der Erscheinungen nur ein Ausschnitt aus einem Umfassenderen ist, dass unsere Sinneswahrnehmungsorgane höchst unzulänglich sind und dass das Wesentliche – nämlich die Ursachen für alle in die Welt der Erscheinungen hineinragenden Dinge – jenseits dieses sinnlichen Erkenntnisvermögens liegt. Zum Spiritualisten gehört also das Mühen um eine innere Erkenntniskraft, mit deren Hilfe wir allein das Wesentlichste durchschauen.

Aristoteles beklagt den Verlust eines solchen Erkenntnisvermögens mit folgenden Worten:

«Wie die Augen der Nachtvögel versagen gegenüber dem klaren Tageslicht, so versagt unsere innere Erkenntniskraft gegenüber den Dingen, die von Natur die allerklarsten sind.»

Im abendländischen Entwicklungsgang ist wiederholt aufgedeckt worden, dass mit dem Auftreten des Sokrates jenes innere Erkenntnisvermögen verloren ging, dessen Verlust Aristoteles beklagte, und dass mit ihm auch lebendige Impulse des Kosmos, also Verbindungen mit den harmonischen Gesetzen der Natur schwanden (Nietzsche u. D. H. Lawrence). Was den Griechen Herakleitos ähnlich wie den chinesischen Philosophen Laotse noch kennzeichnete, eine sehr lebendige Aufgeschlossenheit gegenüber den Phänomenen des Lebens und der Natur, was in einem entsprechenden Tiefgang des Denkens zum Ausdruck kam, war unter den Nachfolgenden kaum mehr anzutreffen.

Mit dem Verlust eines kosmischen Empfindens und innerer Erkenntniskraft wurde die Welt zu einem Problem. Erst nach dem Verlust dieser wichtigsten und lebendigsten Verbindung des Menschen – nach dem Verlust des Göttlichen – wurde der Mensch der Erde «religiös»; nach dem Verlust der «inneren Schau» wurde der Mensch ein «Forscher», der vorgab, Rätsel der Umwelt zu ergründen. Je mehr der Mensch der Erde von den natürlichen Quellen abgedrängt wurde, um so größer wurde die Zahl der ihn umgebenden Rätsel.

Der Verlust der inneren Erkenntniskraft bedeutete Erblindung im geistigen Sinne, und was sich nun im Laufe der Jahrhunderte – Jahrtausende – vollzog, rechtfertigte durchaus die Klage Hölderlins in seinem „Schicksalslied":

«Doch uns ist gegeben,
Auf keiner Stätte zu ruhn,
Es schwinden, es fallen
Die leidenden Menschen
Blindlings von einer
Stunde zur andern,
Wie Wasser von Klippe
Zu Klippe geworfen,
Jahr lang ins Ungewisse hinab!»

Wenn jemand, wie Goethe, eine unbegrenzte Verehrung für die Natur in sich trägt, dann muss ihn die Art der Naturbetrachtung durch Materialisten und Rationalisten zutiefst befremden.

Wenn, wie unsere vorangegangenen Aussagen andeuten, im Gang der Menschheitsentwicklung eine lebendigste Verbindung mit der Natur verlorengegangen war, die wiederanzuknüpfen den höchsten geistigen Einsatz rechtfertigte, dann mussten jene Menschen, die sich naturfeindlich dagegen stemmten, mit schroffster Ablehnung vonseiten der Andern rechnen. Aus dieser Sicht wird die Ablehnung Newtons durch Goethe einleuchtender, sein Zorn – seine Verachtung – verständlicher. Etwas ganz anderes ist es, dass die Analytiker, und das sind die Naturwissenschaftler in ihrer Eigenschaft als Spezialisten, sich immer Mühe gegeben haben, ihr Wirken auf dem Gebiet der Naturerforschung so hinzustellen, als wenn es schlechterdings unmöglich wäre, sie in ihrer Art der Betrachtung der Natur zu übertreffen.

Dass es geistesgeschichtlich so etwas wie ein alternatives Denken gibt, dass jemand, der auf dem Gebiet der Analyse – der Zerlegung – Beachtliches, ja Beängstigendes leistet, auf keinen Fall für eine Synthese – für eine Zusammenschau der einzelnen Teile – geeignet ist, dies einzusehen fällt den Naturwissenschaftlern sehr schwer. Dass den Naturwissenschaftlern – und durchaus zu Recht – der Vorwurf gemacht wurde, am Leben vorbeizusehen und wichtigste Phänomene des Lebens infolge ihrer inneren Stumpfheit aller Geheimnisse zu berauben, war nicht nur die bewegte Klage der Naturforscher der Romantik, wie Werner Heisenberg in seiner Schrift «Wandlungen in den Grundlagen der Naturwissenschaft» ausführt, sondern die Klage aller, die sich mit der lebendigen Natur verbunden fühlten. Über die besondere Art des Vorgehens der Naturwissenschaftler führt W. Heisenberg in der vorerwähnten Schrift aus:

«An die Stelle des unmittelbaren Eingehens auf die Vorgänge der Natur, die uns umgibt, tritt die mathematische Formulierung eines Grenzgesetzes, das nur unter extremen Bedingungen nachgeprüft werden kann. Die Möglichkeit, aus den Naturvorgängen auf einfache, präzis formulierbare Gesetze zu schließen, wird erkauft durch den Verzicht darauf, diese Gesetze unmittelbar auf das Geschehen in der Natur anzuwenden.

Auch die berühmte Entdeckung des Kopernikus geht in derselben Richtung: Um die Bewegungen der Sonne und der Planeten einfacher und einheitlicher formulieren zu können, wird auf einen uns unmittelbar gegebenen Tatbestand, die zentrale Stellung der Erde, verzichtet.
Dieser Teil der Entwicklung wird schließlich konsequent zu

Ende geführt durch das Genie Newtons, das zwei völlig getrennte Erfahrungsgebiete: Die Bewegung der Sterne am Himmel und die Schwere der Körper auf der Erde in einer Gesetzmäßigkeit formal zusammenfasst.»

W. Heisenberg zitiert aus dem Lehrbuch der Astronomie von Newcomb-Engelmann:

«Die Planeten bewegen sich um die Sonne und müssen demnach einer gegen die Sonne gerichteten Kraft gehorchen. Diese Kraft kann nichts anderes sein als die Gravitation, die Anziehung der Sonne selbst. Es fragt sich jetzt nur noch, welche Art von Bahn ein Planet beschreiben wird, wenn eine Kraft von der erwähnten Beschaffenheit ihn um die Sonne führt. Newton wies nach, dass die Bahn allgemein ein Kegelschnitt sein müsse, mit der Sonne in einem der Brennpunkte. So verschwand alles Geheimnisvolle aus den himmlischen Bewegungen, und die Planeten erwiesen sich einfach als schwere Körper, die sich nach denselben Gesetzen bewegen, die wir um uns wirksam sehen.»

Heisenberg schreibt weiter:

«Die moderne Beschreibung unterscheidet sich von der alten durch drei charakteristische Züge: Dadurch, dass sie anstelle der qualitativen Aussagen quantitative setzt, dass sie verschiedenartige Phänomene auf den gleichen Ursprung zurückführt und dadurch, dass sie auf die Frage nach dem ‹Warum› verzichtet ...
Dieser Verzicht auf Lebendigkeit und Unmittelbarkeit, der die

Voraussetzung war für die Fortschritte der Naturwissenschaft seit Newton, bildet auch den eigentlichen Grund für den erbitterten Kampf, den Goethe gegen die physikalische Optik Newtons in seiner ‹Farbenlehre› geführt hat. Es wäre oberflächlich, diesen Kampf als unwichtig zu vergessen; es hat seinen guten Sinn, dass einer der bedeutendsten Menschen alle Kraft daran setzte, die Fortschritte der Newtonschen Optik zu bekämpfen. Wenn man hier Goethe etwas vorwerfen kann, dann nur einen Mangel an letzter Konsequenz; er hätte nicht die Ansichten Newtons bekämpfen sollen, sondern sagen müssen, dass die ganze Physik Newtons: Optik, Mechanik und Gravitationsgesetz – vom Teufel stammt. – Umgekehrt ist es ein deutliches Zeichen für die Kraft und innere Konsequenz der abstrakten Naturwissenschaft, dass sie sich trotz aller dieser Einwände stets in der gleichen Richtung fortentwickelt; zum Teil entspringt diese Kraft allerdings, das darf hier nicht vergessen werden, aus der Möglichkeit, mit Hilfe der abstrakten Naturwissenschaft die Welt technisch zu beherrschen.»

Nachdem infolge des Wirkens der Naturwissenschaftler die Welt von Ängsten beherrscht wird und es kaum mehr zweifelhaft ist, wer wen beherrscht, der Mensch die Technik oder umgekehrt, erscheint es angebracht, darauf hinzuweisen, dass der Zielrichtung des Chaos bei diesem schauerlichen Gang der Geschichte der Menschheit sich eine niemals unterbrochene Kette von «Forschern» unter den abstrakten Naturwissenschaftlern zur Verfügung stellte.

Die Bemerkung über die zu bewundernde Kraft und innere Konsequenz der abstrakten Naturwissenschaft lässt deutlich werden, dass der Naturwissenschaftler keine Vorstellung von der Möglichkeit zweier grundverschiedener Intelligenzen hat. Die Bemerkung Heisenbergs über mangelnde Konsequenz Goethes und die ihm nicht zu Unrecht unterstellte gedankliche Einstellung, dass die Physik Newtons, seine Optik und seine Gravitationslehre, teuflischen Ursprungs sei, ist also nur rhetorischer Art, geeignet, im rational denkenden und «aufgeklärten» Europäer Goethes Ansichten gegenüber denen der Naturwissenschaftler ins Lächerliche zu ziehen. Heisenberg führt in seinem Vortrag über die Goethesche und Newtonsche Farbenlehre aus:

«Es ist auch häufig ausgesprochen worden, dass sich hinter dieser Verschiedenheit der Ansicht bei Goethe und bei Newton ein tieferer Unterschied der ganzen Weltbetrachtung zeige, und dass die grundsätzlich andersartige Einstellung des Dichters und des Mathematikers zur Welt zu so verschiedenen Lehren von der Farbe geführt habe. Sicher ist hierin ein wesentlicher Grund für den Streit in der ‹Farbenlehre› ausgesprochen. Doch würde man wohl unrecht tun, wenn man daraus folgern wollte, dass etwa dem Naturforscher jene andere dichterische Seite der Welt fremd sein müsse.»

Wir stehen nach den beiden Weltkriegen in einer so weit vorgetriebenen Entwicklung, dass Gegensätze, die sich im Geistigen vor 160 Jahren noch nicht scharf genug abzeichneten, heute klar erkennbar geworden sind. Dass die Naturwissenschaftler in der Nachfolge von Newton mit ihrer Art des Denkens zur höchsten Gefährdung des Lebens auf dem Gestirn wurden, offenbart etwas von dem, was wir als «Denken des Chaos» bezeichnen können. Der Nobelpreisträger Prof. Soddy sagte einmal, dass die Erde eine riesige Anhäufung von Explosivstoffen sei, die nur auf den geeigneten Sprengmeister wartet, um wieder ins Chaos verwandelt zu werden.

Die analytische Methode der Mathematiker und Naturwissenschaftler hat fraglos in den Arbeiten von Einstein bis zu Hahn, Oppenheimer, Compton und Teller ihre höchste «Bewährungsprobe» bestanden. Einer unter ihnen meinte, dass die Naturwissenschaftler die «Sünde» kennengelernt hätten.

Das Wissen um den Wert der Gegensätze ist alt, ihre Herausarbeitung zur Erreichung philosophischer Ziele seit alters erprobt. Nur müssen die Gegensätze dem Leben entnommen sein und dürfen nicht in der abstrakten, unlebendigen Begrifflichkeit verharren (Antinomienlehre Kants). Wir haben bei Goethe und seiner Geisteshaltung ein recht beachtliches Gefühl für eine derartige geistige Gegnerschaft zu unterstellen, dürfen unter anderem auch seine Abneigung gegen die Mathematik für ahnungsvoll genug halten, um in unserer Phase der Entwicklung – nach dem Abwurf der Atombomben – sagen zu können, dass die von der modernen Physik und Mathematik erreichten Ausmaße der Gefährlichkeit Goethes Ablehnung der Mathematik durchaus rechtfertigen.

Wir glauben also tiefe Gründe dafür zu haben, dass den Worten Goethes in der «Farbenlehre» ein größeres Gewicht gebührt. Abgesehen davon, dass Goethe selbst innerhalb der Wertung seines gesamten Werkes der Farbenlehre eine besondere Bedeutung beimaß, werden die nachstehenden Ausführungen aus völlig anderer Sicht Bestätigung hierfür und für seine Art der Spiritualität erbringen.

So gesehen können die nachstehenden Worte Goethes als mahnendes Vermächtnis an die Nachwelt gelten.

«Die große Aufgabe wäre, die mathematisch-philosophischen Theorien aus den Teilen der Physik zu verbannen, in welchen sie Erkenntnis statt zu fördern nur verhindern, und in welchen die mathematische Behandlung durch Einseitigkeit der Entwicklung der neueren wissenschaftlichen Bildung eine so verkehrte Anwendung gefunden hat.

Darzutun wäre, welches der wahre Weg der Naturforschung sei, wie derselbe auf dem einfachsten Fortgange der Beobachtung beruhe, die Beobachtung zum Versuch zu steigern sei und wie dieser endlich zum Resultate führe.»

Der oben bereits angeführte Helmholtz fühlte sich aus rationalistischer Geisteshaltung heraus veranlasst, im Zusammenhang mit der Farbenlehre der analytischen Methode des Newton und der Naturwissenschaftler den unbedingten Vorrang zu geben. In einer Nachschrift zu seinem Goethe-Vortrag erklärt er:

«Er (Goethe) sah auch da ein hohes Ziel vor sich, zu dem er uns führen wollte; jedoch sein Versuch, einen Anfang des Weges zu entdecken, war nicht glücklich und leitete ihn leider in unentwirrbares Gestrüpp.»

Heute – nach dem Zweiten Weltkrieg – sind die wenigen noch verantwortungsbewussten Naturwissenschaftler zur Überzeugung gekommen, dass nicht allein die Anschaulichkeit ihres Weltbildes zertrümmert wurde, sondern dass auch die Orientierung verloren ging.

Wir entnehmen der «Farbenlehre» noch einen Hinweis, der fast dem «Faden der Ariadne» gleicht, ist der ihm zugrundeliegende Gedanke doch ein Schlüssel sowohl für die Kennzeichnung der Lage in der Naturwissenschaft der heutigen Zeit als auch ein Wegweiser für eine Entwirrung aus schier auswegloser Lage. Die Überlegenheit der natürlich-spirituellen Geisteshaltung gegenüber der rationalistischen wird an der Aussage Goethes deutlich. Er sagt in der «Farbenlehre»:

«Das Schlimmste, was der Physik sowie mancher andern Wissenschaft widerfahren kann, ist, dass man das Abgeleitete für das Ursprüngliche hält und, da man das Ursprüngliche aus Abgeleitetem nicht ableiten kann, das Ursprüngliche aus dem Abgeleiteten zu erklären sucht. Dadurch entsteht eine unendliche Verwirrung, ein Wortkram ...»

«In diesem Sinne halten wir den in der Naturforschung begangenen Fehler für sehr groß, dass man ein abgeleitetes Phänomen an die obere Stelle, das Urphänomen (Licht) an die niedere Stelle setzte, ja sogar das abgeleitete Phänomen wieder auf den Kopf stellte und an ihm das Zusammengesetzte für ein Einfaches, das Einfache für ein Zusammengesetztes gelten ließ, durch welches hinterstzuvörderst die wunderlichsten Verwicklungen und Verwirrungen in die Naturlehre gekommen sind, an welchen sie noch leidet.

Wäre dann aber ein solches Urphänomen gefunden, so bleibt immer noch das Übel, dass man es nicht als ein solches anerkennen will, dass wir hinter ihm und über ihm noch etwas Weiteres aufsuchen, da wir doch hier die Grenze des Schauens eingestehen sollten.

Der Naturforscher lasse die Urphänomene in ihrer ewigen Ruhe und Herrlichkeit dastehen, der Philosoph nehme sie in seine Region auf, und er wird finden, dass ihm nicht in ein-

zelnen Fällen, allgemeinen Rubriken, Meinungen und Hypothesen, sondern im Grund- und Urphänomen ein würdiger
Stoff zu weiterer Behandlung und Bearbeitung überliefert
werde.»

Die von uns ausgesuchten Zitate aus Goethes «Farbenlehre» zeigen, dass es Goethe durchaus nicht allein um seine Farbenlehre
ging, sondern dass ihm ein weitaus größeres Problem vor Augen stand. Im Zusammenhang mit den Urphänomenen wird es
deutlich, dass Goethe die «wunderlichsten Verwirrungen und
Verwicklungen» in der Naturlehre beanstandete und sich sein
Zorn gegen Newton zwar auf dem Spezialgebiet des Lichts ent-
zündete, in Wahrheit aber doch die Art der Naturbetrachtung
der Naturwissenschaftler gemeint war. Newton war der Begründer der «mechanischen Welterklärung» und wurde damit
der Wortführer für eine Art des Materialismus, wie sie bereits
von Platon angefeindet wurde. Goethe, «Farbenlehre»:

«Vor den Urphänomenen, wenn sie unseren Sinnen enthüllt
erscheinen, fühlen wir eine Art von Scheu, bis zur Angst. Die
sinnlichen Menschen retten sich ins Erstaunen; geschwind
aber kommt der tätige Kuppler Verstand und will auf seine
Weise das Edelste mit dem Gemeinsten vermitteln.»

Und weiter:

«Wenn ich mich beim Urphänomen zuletzt beruhige, so ist es
doch auch nur Resignation; aber es bleibt ein großer Unterschied, ob ich mich an den Grenzen der Menschheit resignie-
re oder innerhalb einer hypothetischen Beschränktheit mei-

nes bornierten Individuums.»

Das Licht des Tages ist für Goethes Anschauung ein Urphänomen, welches in seiner Bedeutung gar nicht stark genug herausgestellt werden kann. Der Philosoph hat es – so ist seine Meinung – in seine Region aufzunehmen und muss damit zu andern und besseren Erkenntnissen vom Wesen der Welt kommen.

Unsere weiteren Ausführungen sollen nun das Ursprüngliche aufdecken und mit dem Abzuleitenden logisch verknüpfen. Dabei wird sich zeigen, dass zur Physik eine Metaphysik gehört, dass beide eng zusammengehören und dass die gesuchte einfachste Einordnung aller Phänomene aus der Welt der Erscheinungen erst nach Kenntnis beider bis dahin für völlig getrennt gehaltenen «Hälften» möglich ist. Vielleicht wird bei der gedanklichen Verarbeitung des Entwurfs ahnend erfasst, wieweit das Abendland «...von einem bösen Geist im Kreis herumgeführt ...» wurde, wie sehr die Verwirrung geeignet war, auch unserer Zeit den schlimmen Stempel aufzudrücken. Wenn unsere Ausführungen wenigstens einigen Menschen helfen können, die Orientierung wiederzugewinnen, dann soll doch auch gesagt sein, welchem geistigen Strom – oder war es ein Rinnsal? – durch die Jahrtausende dieses Ergebnis entsprang.

Der Anfang verliert sich in der Dämmerung der Geschichte.

Da die Zahl derer, denen Menschsein eine schwere Verpflichtung bedeutete, wohl immer gering war, die «Brückenpfeiler» also weit gespannt sind, oft Abgründe klaffen, die so weit, dass das andere Ufer kaum zu erkennen war, so darf nicht verwundern, dass wir aus Griechenland Anaximandros und Herakleitos sowie Aristarchos von Samos nennen. Giordano Bruno steht am andern Ufer eines riesigen Abgrunds, und es kann als sicher gelten, dass er diejenigen, die vor ihm waren, kaum zu erkennen vermochte. Über Schelling, Goethe und Novalis führt der Weg zu einem Ende, das, wie wir hoffen, auch einen Anfang in sich birgt.

Unsere Metaphysik hat nichts mit jener Metaphysik zu tun, die mystisch-spekulativ in Theologien wuchert und die Sphäre der Metaphysik fast anrüchig gestaltet hat. Unsere Metaphysik wird aus Gründen, die sich aus der Aufgabenstellung ergeben, aufgeteilt in eine solche, die es uns ermöglicht, die Erde als einen lebendigen Großorganismus einer göttlichen Natur einzufügen, über die sich gleichsam lebendig-mahnend der Regenbogen spannt.

Wir haben jenem aus rationalistischer Geisteshaltung entsprungenen Weltbild unlebendig-materieller Art der Physiker von Newton bis zur heutigen Zeit eine sehr lebendige Weltvorstellung entgegenzustellen. Jener Teil der Metaphysik, der zum problematischen Teil der Natur gehört, zum Menschen, denn außer ihm kennt die Natur keine Probleme, wird von Teil 1 [gemeint ist die vorliegende Schrift, J.K.] nur an schwacher Nahtstelle berührt.

Wir bemühen uns, nach einer schöpferischen Intuition, das lebendig Geschaute zu vermitteln. Um die Schwierigkeit unserer Ausgangsstellung zu umreißen, müssen wir darauf hinweisen, dass gerade im Abendland psychisch blockierend die Unmöglichkeit derartiger Erkenntnisse herausgestellt wurde. Wenn Kant erklärte, metaphysische Erkenntnisse seien unmöglich, solange wir Menschen sind, wenn Naturwissenschaftler um die Jahrhundertwende ihr «Ignoramus – Ignorabimus» fast bannend aussprachen («wir werden es niemals wissen») und bis zur neuesten Zeit ein anderer als ein rationaler Erkenntnisweg für kaum gangbar angesehen wurde, dann haben wir nur einen geringen Teil dessen angedeutet, was dem folgenden Ergebnis entgegenstand.

In der Schrift «Die Zukunft des Unglaubens» von Gerhard Szczesny heißt es:

«Der sehr andere Weg, den Dingen auf den Grund zu kommen, die in Ostasien entwickelte meditative und intuitive Methode, vermag vielleicht dem Seinsgeheimnis näher zu rücken als die von uns ausgebildete diskursive und rationale Erkenntnistechnik. Es hat den Anschein, dass die Kontemplation in Kategorien begreift, die das Fassungsvermögen der Ratio übersteigen. Die so gewonnenen Einsichten sind aber nicht formulierbar und mitteilbar. Die Erfahrung des Westens auf diesem Gebiet ist überdies so gering, dass ein abschließendes Urteil nicht möglich ist. Die kontemplationsfeindliche Intellektualität des Christentums hat diesen Erkenntnisweg frühzeitig verbaut, so dass die geistigen Energien der kontinentalen Völker fast ausschließlich auf die rationale Einsicht konzentriert wurden.»

Wir haben die Gegnerschaft des Spiritualisten Goethe gegen den Rationalisten Newton, die des Helmholtz gegen Goethe, die Feindschaft Platos gegen Demokritos hervorgehoben, um anzudeuten, dass anders als im oben gebrachten Zitat der Westen eine geistige «Strömung» kennt, die nach meditativer Vorarbeit zu Intuitionen gelangte, von denen durchaus gesagt werden kann, dass sie den «Seinsgeheimnissen» näher rückten als die Rationalisten. Dies gilt sowohl von den Erkenntnissen Giordano Brunos als auch von denen Goethes in seiner «Farbenlehre» und Novalis in seinen «Fragmenten». Etwas ganz anderes aber ist es, ob so gewonnene Erkenntnisse von Rationalisten verarbeitet werden können, oder ob die geistige Gegnerschaft vielleicht ähnlich unversöhnlich ist wie die zwischen den Menschen der Neuzeit und der Natur oder zwischen Kosmos und Chaos.

Oder sollte Goethe in seinen «Venetianischen Epigrammen» auch dies Geheimnis des Abendlandes ahnend erfasst haben?

«Ist's denn so großes Geheimnis, was Gott und der Mensch
[und die Welt sei?
Nein! Doch keiner mag's gern hören, da bleibt es geheim.»

Wir wollen dies vorerst dahingestellt sein lassen und uns mit der Feststellung begnügen, dass einem größeren Schicksal im kosmischen Sinne eine geistige Epoche auf keinen Fall entrinnen kann. Illusionen, die über Jahrhunderte und Jahrtausende gepflegt und gehütet wurden, müssen eines Tages doch als Illusionen entlarvt werden, sofern sie mit dem Leben und seinen geheimen Gesetzen in Widerspruch stehen. Goethes Angabe der Folgen eines Abirrens vom Wege der Erforschung eines so lebendigen Komplexes, wie es die Natur ist, hat sich als zutreffend erwiesen. Es ist jedoch nicht allein eine unendliche Verwirrung entstanden, sondern die Physiker der heutigen Zeit haben sich die Frage vorzulegen, ob ihr Wirken auf dem Gebiet der Atomphysik noch mit dem Ethos eines Dienstes am Leben in Einklang zu bringen ist.

Das Raumenergiefeld der Gestirne

Erde – Mensch – Weltall.

Von drei Reichen, dem des Mineralischen, dem der Pflanzen und dem der Tiere, wird das Reich des Menschen getragen. Über allem der gestirnte Himmel. Dies zusammen ist die Welt der Erscheinungen, der der Mensch eingeordnet ist. Sein Bewusstsein nimmt über seine Sinneswahrnehmungsorgane das Trennende in der Welt der Erscheinungen wahr, sein Bewusstsein in hoher Geistigkeit hat das Verbindende zu finden. So wie sein eigener Körper sinnvoll gestaltet ist, zeigt sich auch seine Umwelt geformt – nicht formlos. Von Ordnung kündet die regelmäßige Wiederkehr der Tag- und Nachtgestirne, die Wiederkehr der Jahreszeiten.

Vieler Handfertigkeiten ist der Mensch fähig, und er weiß selbst zu gestalten, weiß zu unterscheiden zwischen von ihm und seinesgleichen Geschaffenem und von der Natur Geformtem. So wie dem von ihm Geschaffenen ein Sinn innewohnt, so kann er in der Umwelt – im Kleinen wie im Großen – auch einen hohen Sinn vermuten. So wie sein Formgefühl dem Lehm, dem Holz und dem Eisen bestimmte Form verleiht, so muss er für die Schöpfung, der er selbst angehört, eine formende Gewalt, einen Schöpfer vermuten.

Innerhalb der Schöpfung unterscheidet der Mensch zwischen der anscheinend so sicher ruhenden Erde und den Reichen der Pflanzen und der Tiere. Mit diesen beiden hat er ein Gemeinsames: dieses Geborenwerden, Wachsen und Sterben. Dieses Werden und Vergehen in seiner Leiblichkeit verbindet ihn mit den unteren Reichen, die Bewusstheit seiner selbst, über Sprache und Vernunft, trennt ihn von Pflanze und Tier. –

Aber da ist von ihm deutlich festzustellen – innerhalb der Schöpfung nimmt er einen hohen Rang ein, und der Aufwand der Schöpfung – die ihn tragenden Reiche – ist riesenhaft und lässt auf größte Bedeutung seiner selbst schließen. Der Mensch ist Teil der Schöpfung, und weil dies so ist, müssen in ihm auch alle Gesetze der Schöpfung wirksam werden, alle Geheimnisse der Schöpfung in ihm auffindbar sein. Dies gilt für alle Teile der Schöpfung, aber im Menschen, also dem Wesen, das sich durch Bewusstheit von allen andern Wesen unterscheidet, muss dieses Geheimnis der Schöpfung, das Gesetz des Weltalls, in seine Wachheit treten. Dies allein können wir als Wahrheit bezeichnen. –

Die fundamentalste Erkenntnis – dieses Geborenwerden, Wachsen und Sterben – soll für unsere weiteren Untersuchungen den Ansatz liefern. Was für die Teile der Schöpfung gilt, muss auch für das Ganze gelten – demnach auch für die Gestirne.

Also die Gestirne werden geschaffen, machen einen Entwicklungsgang durch und vergehen.

Wer schafft sie, woraus werden sie gestaltet, und was ist der hohe Sinn dieser Schöpfungen?

Zunächst dies – woraus wurden unsere Erde und alle andern Gestirne im Weltraum geschaffen?

Die wichtigste Erkenntnis der vorangegangenen Jahrtausende, dass die Welt der Erscheinungen nur ein Ausschnitt aus einem Umfassenderen ist, sei vorangestellt. Wie ein Lichtkegel nachts einen Ausschnitt aus einer größer gewussten Landschaft zeigt, so registrieren unsere Sinneswahrnehmungen auch nur einen Ausschnitt, den wir als «Welt der Erscheinungen» bezeichnen. Dass ein Hund zum Beispiel eine größere Skala von Schallwellen wahrnimmt, ein Insekt in seinem Auge noch von

Lichtwellen jenseits der Farbe Violett – also jenseits unseres Wahrnehmungsvermögens – beeindruckt wird, beweist die Richtigkeit der Ansicht des griechischen Philosophen Herakleitos, dass Auge und Ohr nur ein sehr subjektives Bild von der Welt zu vermitteln vermögen – das Weltbild des Menschen.

Innerhalb der Welt der Erscheinungen – so sagt Giordano Bruno – ist die Ursache nicht auffindbar, und der Physiker Boltzmann hält die «Grundursache» einer wissenschaftlichen Methodik für unzugänglich. Die so umfangreich erscheinende Vielfalt der Gestaltungen geht auf eine Ursache, eine Ursubstanz, zurück. Dieser Urstoff, der die nahezu unendliche Mannigfaltigkeit der Erscheinungen liefert, muss demnach von unendlicher Wandlungsfähigkeit sein. Wie immer auch seine Beschaffenheit sein mag, in einer Phase seiner Wandlungen muss er aus der Sphäre des Nichterkennbaren in die Sphäre der Erscheinungen treten, so dass unser Auge ihn wahrzunehmen vermag, unser Verstand aber gleichzeitig seine sublime Herkunft erfasst. Da aus ihm eine so reale Welt aufgebaut worden ist, muss er, selbst wenn er dem Auge nicht erkennbar ist, in seinen Wirkungen deutlich zu verspüren sein.

Die Gestirne sind – wie alles Geschaffene – dem Gesetz des Werdens und Vergehens unterworfen. Aus einem Baustoff geschaffen, der in seinem reinsten Zustand unseren Sinneswahrnehmungsorganen nicht erkennbar ist, muss das Gestirn sich auch wieder in jenen Baustoff auflösen, wie es das Gesetz des Werdens und Vergehens verlangt.

Wir nennen diesen Baustoff «*Weltwille*», jedoch für die hier notwendigen Deutungen der grundlegenden Erscheinungen wählen wir – in Anlehnung an naturwissenschaftliche Sprachgepflogenheiten – einen andern Ausdruck: «*Raumenergie*».

Also aus Raumenergie sind alle Gestirne im Weltall geschaffen, und in Raumenergie lösen sie sich auch wieder auf.

Mit dem Werden und Vergehen verbindet sich in uns die Vorstellung einer Jugend, einer Blütezeit sowie Alter und Sterben, also gleichsam einer Aufwärts- und Abwärtsentwicklung. Auch dies muss, wie bei den Teilen, auch beim Ganzen – dem Gestirn – zu beobachten sein. Auf der Oberfläche des Gestirns, der Lebenssphäre des Menschen, merken wir nichts von einer Auflösung, denn wenn der Abbau sich von außen vollziehen würde, müssten wir trotz der Kurzlebigkeit des Menschen auf Grund von überlieferten Umweltbildern Veränderungen feststellen.

Wir kleiden das intuitiv Erkannte nun in eine Folgerung aus dem Vorhergesagten und nennen diese Auflösung – Kernverstrahlung. Alle Gestirne, aus einem Baustoff geschaffen, der Raumenergie, zerfallen, vom Kern des Gestirns ausgehend, auch wieder in Raumenergie – und zwar der reinsten, absoluten Form.

Damit ist dieser Vorgang zunächst nur in seinen Wirkungen spürbar, und die fundamentalste Wirkung ist die innerhalb der Lebenssphäre des Menschen feststellbare *Anziehungskraft (Gravitation)*.

Die Raumenergieverstrahlung aus dem Kern eines jeden Gestirns bildet ein Energiestrahlenfeld von radialer Struktur (d. h. die Energien verstrahlen vom Gestirnmittelpunkt aus nach allen Seiten). Die Kernverstrahlung durchschlägt alle Materieschichten des Gestirns ungehemmt, sie ist die «Grundursache», was den Weltwillen anlangt, und alle Vorgänge in der Welt der Erscheinungen stehen in voller Abhängigkeit zu ihr, vollziehen sich in ihrem Feld.

Das Raumenergiefeld ist der Träger der wellenförmigen Fortpflanzung aller Strahlenarten. Es besitzt zugleich jene Eigenschaften, die (vor Einstein) dem hypothetischen Äther als dem Träger der Lichtwellen zugesprochen werden mussten: Elastizität, Dichte und Durchdringungsvermögen in höchstem Maße.

Die Kernverstrahlung gehört zur Sphäre des Absoluten, zum Bereich der Ursachen im Sinne der Aussagen Giordano Brunos.

Nachdem wir die Grundursache kennen, wird es leicht sein, das Weltbild unter Verwendung der Erscheinungen nachzuzeichnen und die Erscheinungen auf ihre wahre Ursache zurückzuführen.

Alle Gestirne verstrahlen aus ihrem Kern Raumenergien in reinster Form, und die Verstrahlungsfelder haben notwendigerweise eine radiale Struktur. Diese Form bedingt, dass die Dichte des Energiestrahlenfeldes mit der Entfernung vom Entstehungsherd, der zentralen Sphäre des Gestirns, abnimmt und umgekehrt mit der Annäherung zur Gestirnmitte zunimmt.

Die Beschleunigung eines zur Erdoberfläche fallenden Körpers – *der freie Fall* – hat demnach seinen Grund in wachsender Energiefelddichte. Wir können auf Grund von Erfahrungen folgern, dass mit zunehmender Felddichte die Anziehungskraft zunimmt. Daraus ist zu schließen, dass alle Raumenergieverdichtungen, die wir zusammenfassend Materie nennen, mit der Annäherung zum Gestirnzentrum einem stetig wachsenden Druck ausgesetzt sind, der zuletzt eine derartige Höhe erreicht, dass die Energieverdichtungen reißen, d. h. sich wieder in kosmische Energien reinster Form – also in Raumenergie – auflösen.[2] (Wir behalten zunächst den Ausdruck Raumenergieverdichtungen für die Materie bei, obwohl sich später zeigen wird, dass es sich in Wirklichkeit bei der Materie um eine in völliger Abhängigkeit zur Energiefelddichte stehende Form der Raumenergieauflockerung handelt.) Das Freiwerden der Raumenergie in der Kernsphäre – der Sphäre des Absoluten – vollzieht sich mit unvorstellbarer Wucht, und wir müssen, weil vom Absoluten die Rede ist, uns aller Vorstellungen aus der Welt der Erscheinungen enthalten. Energiewelle und Geschwindigkeit sind derartige Vorstellungen, und diese versagen in der Sphäre des Absoluten völlig.

Wenn vom Absoluten zu sprechen ist, dann müssen wir konsequent, der Unendlichkeit des Weltraums – der Weltseele – entsprechend, für den Weltwillen in seiner reinsten Form Allgegenwart, also, auf Raumenergie übertragen, unendliche Geschwindigkeit annehmen. Unendliche Geschwindigkeit fällt aber mit Ruhe zusammen, was bedeutet, dass die Energiefelder im Weltraum ruhen.

Die erste Wandlung des Absoluten

Das für unsere Erde wichtigste Nachbargestirn – die Sonne – verstrahlt wie alle andern Gestirne Raumenergien in reinster Form, aus dem Kernzerfall herrührend. Aus dem Gegeneinanderwirken der Verstrahlungsfelder Sonne – Erde ergeben sich nun Zustandsänderungen der Felder, durch Stauchung eine Verlangsamung der Energie. Infolge der Dichte der Kernverstrahlung und der Wucht des Gegeneinanderwirkens der Felder werden die in absoluter Form offenbar wellenlosen Raumenergien gestaucht und gewandelt; die Energien nehmen Wellenform an, und dabei vollzieht sich jener Vorgang, der unserem Auge als *Licht* erscheint und der bei genügender Intensität der Stauchung – wie bei der Sonne – von uns auch als *Wärme* empfunden wird.

Hier – bei Tagesanbruch – vollzieht sich der Übergang vom Absoluten zur Welt der Erscheinungen; hierbei tritt das Absolute in unser Blickfeld, so dass wir seine sublime Herkunft erkennen können. Von größter Bedeutung ist, dass die Wandlung der von der Sonne eingestrahlten Energien durch die Intensität unseres eigenen Verstrahlungsfeldes bestimmt wird.

Demnach haben wir alle unsere bisherigen Vorstellungen vom Weltall zu revidieren. Bestimmend und maßgebend für alle Erscheinungen ist das Absolute, das Kernverstrahlungsfeld des jeweiligen Gestirns. Von seiner Intensität, die sich in voller Abhängigkeit von der Größe des Gestirns und seinem Entwicklungsgang befindet, werden die Erscheinungen bestimmt.

Da zum Werden und Vergehen auch eine Aufwärts- und Abwärtsentwicklung gehört, ist das Kernverstrahlungsfeld in seiner Intensität entsprechenden Schwankungen unterworfen; Schwankungen, die sich bei allen in die Welt der Erscheinungen ragenden Phänomenen bemerkbar machen müssen. Bei der Aufwärtsentwicklung eines Gestirns müssen die Zustandsänderungen der Felder eine andere Wirkungsrichtung aufweisen als im Abwärtsgang des Gestirns.

Das Licht – als Urphänomen, das heißt als *erste Wandlung des Absoluten* – ist nur ein Ausschnitt aus einer größeren Energiestrahlenskala. Dank der Intensität unseres Energieverstrahlungsfeldes werden die von der Sonne kommenden Energien in ultraviolette, in sichtbares Licht und in ultrarote Strahlen gewandelt.

Aus dem Werden und Vergehen eines Gestirns folgt für den ansteigenden Abschnitt der kosmischen Entwicklung eine zunehmende Intensität der Kernverstrahlung und für den absteigenden eine stetig abnehmende. Mit zunehmender Intensität müssen sich die kosmischen Einstrahlungen – also die Raumenergien, die von anderen Gestirnen zu uns gelangen – stetig kräftiger stauchen, so dass die in diesem Prozess erzeugten Energiestrahlen eine Verstärkung in Richtung langer Energiewellen (Ultrarot bzw. Infrarot) erfahren. Andererseits wird der Stauchungsprozess mit sinkender Intensität des Raumenergiefeldes stetig schwächer, wodurch sich außer einem Schwinden der langwelligen Energiestrahlen eine Zunahme der kurzwelligen Energien (Ultraviolett etc.) bemerkbar machen muss. Die Energiestrahlenskala erfährt also eine Verschiebung über Ultrarot im Aufwärtsgang und eine Verschiebung über Ultraviolett im Abwärtsgang des Gestirns.

Die Doppelseitigkeit beim Zustandekommen dieses Phänomens der Zustandsänderung des Feldes ist von großer Wichtigkeit. Würde zum Beispiel ein Gestirn im Aufwärtsgang der Entwicklung einem solchen im Abwärtsgang gegenüberstehen, so könnte der Umstand eintreten, dass in der zunehmenden Verstrahlungsintensität des einen Gestirns die abnehmende des andern Gestirns überkompensiert wird, dass also eine scheinbare Annäherung des sich im Aufwärtsgang befindlichen Gestirns erfolgt; dieses erscheint zunehmend größer und heller.

Die *scheinbare* «Flucht der Spiralnebel»

Dass dies in unserem Verhältnis zur kosmischen Umwelt nicht der Fall ist, kann u. a. aus der sogenannten Rotverschiebung der Spektrallinien gefolgert werden, welche als ein Zeichen der abnehmenden Intensität der Kernverstrahlung der Erde angesehen werden muss. In den Spektren der Galaxien (Spiralnebel) wird fast durchgängig eine Verschiebung der Spektrallinien in

Richtung größerer Wellenlängen – also nach Rot, nach dem roten Ende des Spektrums – beobachtet. Der Grad dieser Rotverschiebung wächst mit der jeweiligen Entfernung von der Erde. Diese Rotverschiebungen werden – unter Heranziehung des Doppler-Effekts – meist als Fluchtbewegung der Galaxien gedeutet («*Flucht der Spiralnebel*»). Auf dieser Deutung beruht ein erheblicher Teil der kosmologischen Spekulationen unserer Tage einschließlich der Vorstellung von der «Expansion des Weltalls».

Die eigentliche Ursache der Rotverschiebungen ist gänzlich anderer Art. Von jedem Gestirn empfangen wir der wahren Herkunft nach zwei Arten von Energiestrahlen: Die dem Kernzerfall des betreffenden Weltkörpers entstammenden (wellenlosen) und die vom Raumenergiefeld des Gestirns reflektierten (wellenförmigen, also gestauchten) Energien. Erst durch diese Reflexion erhalten wir dank der hohen Empfindlichkeit der Energiestrahlen auch Andeutungen über die materiellen Schwingungsvorgänge der Gashülle des betreffenden Sterns. Diese bereits gewandelten, wellenförmigen Energien werden nun – zusammen mit den aus dem Kernzerfall des reflektierenden Gestirns selbst herrührenden Energien – in unserem Energiefeld erneut gewandelt. Ergänzt sei, dass erst die reflektierten Energiestrahlen die (meist) dunklen Linien im Spektrum hervorrufen. Beide Arten von Energiestrahlen müssen in unserem Feld einen jeweils anderen Grad der Wandlung und Verschiebung erfahren. Mit der sinkenden Intensität unseres Energiefeldes ergibt sich auch eine Verschiebung der kosmischen Energiestrahlenskala, und zwar in Richtung kurzwelliger Strahlen (Violettverschiebung). Da die reflektierten und bereits gewandelten Energien, was aus ihrer Eigenart erhellt, einen Rest von Stetigkeit an sich haben, werden sie bei sinkender Intensität unseres Raumenergiefeldes – also bei der Grundtendenz der Skalenverschiebung nach Ultraviolett – gerade ihres Beharrungsvermögens wegen eine Verschiebung in unserer Skala nach Rot erfahren (Rotverschiebung). Anders formuliert: Die gesamte Energiestrahlenskala einschließlich des Regenbogenspektrums verschiebt sich in Richtung Ultraviolett, nur ist die Violettverschiebung der Spektrallinien bzw. der ihnen zugrunde liegenden Energiestrahlen eine geringere.

Infolge der radialen Struktur des Energiefeldes muss sich die Felddichte von einer bestimmten Entfernung vom Erdkern als zu gering erweisen, um noch imstande zu sein, Energiestrahlen ferner Gestirne in unser Blickfeld zu steuern. Nimmt nun die Intensität, also die Dichte des Raumenergiefeldes ab, so muss sich diese Grenze auf uns zu bewegen. Dem irdischen Beobachter muss sich dieses Schwinden des kosmischen Gesichtsfeldes in einem Sich-Entfernen oder einer Art Fluchtbewegung ferner Weltkörper bemerkbar machen. Aus der radialen Struktur des Raumenergiefeldes folgt weiter, dass der Grad der scheinbaren Entfernungsgeschwindigkeit mit der Kernentfernung zunehmen muss. Die fast allgemein zu beobachtende Rotverschiebung in den Linienspektren der Spiralnebel, die auf eine scheinbare Fluchtbewegung schließen lässt, und die Zunahme der Rotverschiebungswerte mit wachsender Entfernung von der Erde weisen eindeutig darauf hin, dass die Minderung unserer eigenen Feldintensität in indirekter Weise gleichsam messbar geworden ist.[3] Wenn sehr wenige Spiralnebel davon eine Ausnahme machen, dann ist diese auf deren enorme Zunahme der Verstrahlungsvorgänge im Aufwärtsgang der Entwicklung zurückzuführen.

Als weiterer Beweis des abnehmenden Grades der Kernverstrahlung muss die beobachtete *Zunahme der ultravioletten Strahlung (Höhenstrahlung)* angesehen werden. Begründet ist sie, wie wir ausführten, in der Skalenverschiebung der in der kosmischen Einstrahlung gewandelten Energien, die mit sinkender Feldintensität eine Zunahme kurzwelliger Energiestrahlen erwarten lässt.

Mit diesen Ausführungen ist erwiesen, dass die von dem italienischen Philosophen Giordano Bruno gemachten Erklärungen über den Charakter von Akzidentien bei allen in der Welt der Erscheinungen zutage tretenden Phänomenen durchaus zutreffen (in seiner Schrift «Von der Ursache, dem Prinzip und dem Einen»). Die Ursache – das Eine – ist das Kernverstrahlungsfeld unseres Gestirns, das Absolute.[4]

Das Bemerkenswerte daran ist, dass nur die Art der Verstrahlung unveränderlich ist, nicht aber deren Intensität. Dieser Umstand, dem Gesetz des Werdens und Vergehens unterworfen, führt uns dazu, das Gestirn als einen sehr lebendigen Großorganismus anzusehen.

Die Einführung von formenden Gewalten – von «Weltseele» – würde unsere bisherigen Vorstellungen über ein Gestirn noch wesentlich ändern, jedoch in diesem Rahmen – im ersten Teil – haben wir uns auf das gesetzmäßige Verhalten zu beschränken, dem «Weltwille» – bzw. «Raumenergie» – unterworfen ist.

Den grundsätzlichen Betrachtungen über die Zustandsänderungen unseres Energiestrahlenfeldes haben wir noch Wesentliches anzufügen. Die radiale Struktur des Feldes bedingt eine Zunahme der Dichte des Feldes nach dem Kern des Gestirns. Auf diese Zunahme der Strahlungspackung sind alle Phänomene der Erdanziehung zurückzuführen. Wird nun der Zustand des Energiefeldes durch Raumenergieeinstrahlung von der Sonne geändert, so muss sich auch die Wirkung – also die Anziehungskraft in der Wirkung auf der Oberfläche des Gestirns – ändern. Das heißt also, dass die Erdanziehung als Grundwirkung des Verstrahlungsfeldes in der Nacht, in kaum gestauchtem Zustand, eine größere sein muss als am Tage, in äquatorialen Breiten am Tage eine schwächere Anziehungskraft zu beobachten sein muss als in höheren Breiten bei gleichem Sonnenstand.

Die radiale Struktur unseres Feldes bewirkt diese Differenzen, denn die Zustandsänderung des Raumenergiefeldes wird durch Einstrahlung der Sonne natürlich in den äquatorialen Breiten eine wesentlich kräftigere sein als in höheren Breiten oder an den Polen. Nach diesen grundlegenden Betrachtungen können wir nun sämtliche Erscheinungen einordnen und ihre volle Abhängigkeit zur Energiefelddichte nachweisen.

Alle Gestirne im unendlichen Weltall verstrahlen den aus dem Kernzerfall freigewordenen Weltwillen, die Raumenergien, also auch die Planeten innerhalb unseres Sonnensystems. Die Voraussetzung für das Sichtbarwerden der Kernverstrahlung benachbarter Gestirne ist jedoch stets, dass die Intensität der Verstrahlung kräftig genug ist, um im Gegeneinanderwirken mit unserem Energiefeld die dem menschlichen Auge erkennbare Energiestrahlenskala zu erzeugen. Wenn wir also von den andern Planeten unseres Systems hauptsächlich nur reflektierte Sonnenenergien empfangen, so liegt es daran, dass ihre Entfernung zur Erde im Verhältnis zu ihrer Feldintensität und zur Intensität unseres Raumenergiefeldes zu groß ist. Also außer den von den Planeten reflektierten Sonnenenergien gelangen immer auch aus der Eigenverstrahlung herrührende Energien in unser Feld und werden hier entsprechend gewandelt. Auch der Mond reflektiert nicht nur Sonnenenergien, sondern es gelangen auch aus seiner Eigenverstrahlung stammende Energien in unser Feld, jedoch ist diese Eigenverstrahlung derart schwach geworden, was aus der fehlenden Achsendrehung erkennbar wird, dass diese Energien bei uns nicht sichtbar werden; sie müssen demnach weit über Ultraviolett verschoben sein.

Der Irrtum Newtons

Wir sagten, dass das Licht ein gestauchtes Energiestrahlenfeld ist. Was am Tage messbare Energiewelle wird, verstrahlt nachts – im wesentlich ungestauchten Feld – in dichtester, geschlossener Packung. Da das radiale Kernverstrahlungsfeld die Ursache für die Anziehungskraft (Gravitation) des Gestirns ist, muss sich diese anziehende Wirkung mit der Zustandsänderung des Feldes gleichfalls ändern, d. h. die anziehende Wirkung auf die Materie muss im gestauchten Feld – also am Tage – eine geringere sein als in der Nacht. Mehr noch: Beim Zenitstand der Sonne – also in den äquatorialen Breiten, wo die Stauchung am stärksten ist – muss auch die Minderung der Anziehungskraft am bedeutendsten sein, nach den Polen hin dagegen zunehmend geringer werden.

So wie die *Fallgeschwindigkeitsdifferenzen* in verschiedenen geographischen Breiten auf Verschiedenheiten der Zustandsänderung unseres Feldes zurückzuführen sind, so auch die Gezeiten, also die Bewegungen der Weltmeere. Damit haben wir in der Sonneneinstrahlung – sekundär – und in unserem durch die Sonneneinstrahlung gestauchten Energiefeld – primär – die Ursache für *Ebbe und Flut*. Die rhythmischen Bewegungen der Weltmeere, Ebbe und Flut, haben also ihren Grund in den Zustandsänderungen unseres Verstrahlungsfeldes, und da die wesentliche Änderung des Feldes durch die Sonneneinstrahlung bewirkt wird, so ist auch die Sonne der Hauptfaktor bei der Flutbewegung der Meere. Wenn wir vom Mond Energien empfangen, so sind es hauptsächlich von seiner Oberfläche (und von seinem Energiefeld in der Oberflächenregion) reflektierte Raumenergiestrahlen des Zentralgestirns, die in unserem Feld gewandelt werden und infolgedessen auch die Schwerkraftverhältnisse beeinflussen, und zwar in Richtung auf eine Minderung der Erdgravitation.

Die Naturwissenschaftler sind davon überzeugt, dass der Mond der Haupturheber für die Flutbewegungen der Meere ist (wegen der unterstellten Deformationswirkung des Mond-Gravitationsfeldes auf den Erdball gemäß der Massenanziehungshypothese); dagegen wird der Sonne ein weit geringerer Anteil an den Gezeiten zugeschrieben. In Wahrheit erhält der Mond eine größere Bedeutung nur dank seiner Eigenschaft als Reflektor der Sonnenenergien, des Raumenergiefeldes der Sonne. Die Hauptursache bleibt deshalb doch die Sonne bzw. unser Energieverstrahlungsfeld, welches durch das Gegeneinanderwirken mit den Sonnenenergien differenzierte Zustandsänderungen mit schwerevermindernder Wirkung erfährt. Dafür gibt es einen deutlichen Beweis, denn die Höhe der Flutwelle steht in bestimmbarer Abhängigkeit zur Mondphase, d. h. sie ist bei der Mondsichel schwächer als bei Vollmond, also bei voller Wirksamkeit des Mondes als Reflektor der Sonnenenergiestrahlen.

Die durch die Tageinstrahlung bewirkte Minderung der Anziehungskraft macht sich infolge der Trägheit der Wassermassen in einer Verzögerung der Hochflutwelle bemerkbar, und zwar in der Weise, dass die Wirkung der Sonneneinstrahlung an den Festlandküsten erst sechs bis zwölf Stunden nach dem Hochstand der Sonne am deutlichsten in Erscheinung tritt. Zu dieser Zeit ist aber bereits der Mond aufgegangen, so dass die von ihm reflektierten (zum geringen Teil auch die selbst verstrahlten) Energien nun die zweite und, entsprechend der geringeren Intensität der Strahlung, auch schwächere Flutwelle erzeugen.

Der Mond ist also wegen seiner reflektierenden Wirkung der Grund für die zweimalige Flutwelle innerhalb von 24 Stunden. Gleichzeitig ist er auch der Grund für die Verzögerung der Gezeiten gegenüber dem von der Achsendrehung der Erde bestimmten Rhythmus. Wenn Meere mit geringerer Flächenausdehnung keine nennenswerten Fluterscheinungen zeigen, so liegt dies daran, dass ihre Oberfläche den unterschiedlichen Schwereverhältnissen zwischen Tag und Nacht nicht gleichzeitig ausgesetzt ist.

Dass die Fluterscheinungen zur gleichen Zeit an den gleichen Meridianen auftreten, ist genauso als Beweis für die hier gegebene Erklärung der Gezeiten zu werten wie die Tatsache, dass die Gezeitenerscheinungen in den Äquatorialgebieten am stärksten sind und nach den Polen hin immer schwächer werden. –

So wie in der Verbindungslinie zweier Gestirne durch Stauchung der gegeneinanderwirkenden Raumenergiefelder die Anziehungskraft für alle Körper in den entsprechenden Zonen auf der Oberfläche beider Gestirne gemindert wird, so erfährt die anziehende Wirkung der Weltkörper untereinander gleichfalls eine Verminderung, und zwar in dem Maße, in dem die beiderseitig verstrahlten Energien jeweils eine Stauchung und Wandlung erfahren. Demnach hält das Raumenergiefeld eines jeden Gestirns mit seiner Intensität den Abstand zu den Nachbargestirnen.

Aus dem Werden und Vergehen der Gestirne, der zu- und abnehmenden Intensität ihrer Energiefelder, ergibt sich zwangsläufig eine Bewegung jedes Gestirns in die Richtung, aus der die Verstrahlung am intensivsten ist. Das Sonnensystem bewegt sich innerhalb des übergeordneten Sternhaufens, der sogenannten Milchstraße, in eine bestimmbare Richtung. Die Abhängigkeit der Planeten vom Zentralgestirn beweist, dass die Sonne dank der gewaltigen Intensität ihres Raumenergiefeldes allein die Verbindung zu den Gestirnen in der Bewegungsrichtung hält. Obwohl die Sonne allseitig von Nachbargestirnen (Nachbarsonnen) umgeben ist, bedeutet dies gleichzeitig, dass die aus der Bewegungsrichtung des Sonnensystems wirksamen Energiefelder für die Sonne am stärksten sind. Demnach muss die der Bewegungsrichtung zugekehrte Seite der Sonne bzw. der betreffende Ausschnitt ihres Raumenergiefeldes jeweils stärker beeinflusst sein als der ihr abgewandte. Aus dieser Verschiedenheit der Beeinflussung des Sonnenenergiefeldes ergibt sich für die Raumenergiefelder der nicht in der Bewegungslinie befindlichen Nachbargestirne ein verschiedener Widerstand, der sich in der *Achsendrehung der Sonne* auswirkt. An dieser Achsendrehung nimmt das Raumenergiefeld naturgemäß teil und zwingt dadurch die von der Sonne abhängigen Gestirne, die Planeten und Planetoiden, sich in einer Richtung um sie zu bewegen.

Die *Achsendrehung der Planeten* hat ihren Grund in der Intensität ihrer Energiefelder, und zwar weil diese stark genug sind, um aus der aus der Bewegungsrichtung des ganzen Sonnensystems kommenden Verstrahlung der Nachbargestirne differenziert beeinflusst zu werden. Der verschiedene Widerstand, den die Raumenergiestrahlen der Sonne der differenzierten Stauchung wegen finden, bewirkt die Rotation des jeweiligen

Planeten. Ist die Intensität des Raumenergiefeldes eines Planeten derartig schwach geworden, dass es auf die differenzierten Strahlungsvorgänge innerhalb der Milchstraße nicht mehr reagiert, so hört die Rotation auf. Ein Fall, der bei unserem Trabanten (einem früheren Planeten) eingetreten ist.[5] Ähnlich die Verhältnisse beim sonnennächsten Planeten, beim Mercur, der nur ca. 1,5mal während eines Sonnenumlaufs eine Achsendrehung vollführt. Dagegen weisen etwa die Planeten Jupiter und Saturn hohe Rotationsgeschwindigkeiten auf, denn mit der in einem stärkeren Energiefeld begründeten größeren kosmischen Beeinflussungszone ergibt sich auch ein besonders differenzierter Widerstand für die Raumenergiestrahlen der Sonne.

Wir können uns zur Veranschaulichung die Raumenergiefelder als Zahnkränze vorstellen, die ineinandergreifend sowohl die Rotation als auch die *Bahnbewegung der Planeten* ergeben. Wie sich mit wachsender Intensität der Kernverstrahlung eine Beschleunigung der Achsendrehung ergibt, wird auch die Bahnbewegung eines Planeten schneller werden; mit sinkender Intensität des Feldes werden sich Rotations- und Umlaufgeschwindigkeit verlangsamen.

Außer der Rotation des Zentralgestirns und der daraus folgenden Bahnbewegung der Planeten hat die einseitig verstärkte Energiestrahlung in unserem System die *Bahnverziehung aller Planeten* von der Kreisform zur Folge. Da sich die Sonne in dem einen Brennpunkt der Bahnellipse befindet, ergibt sich für jeden Planeten beim Umlauf um die Sonne ein Ort der größten Sonnenannäherung, Perihel genannt. Aus der zu- bzw. abnehmenden Intensität der Kernverstrahlung jedes Gestirns folgt, dass die Planetenbahnen veränderlich sind. Mit wachsender Intensität des Energiefeldes werden sich die Planeten in Spiralen vom dominierenden Zentralgestirn entfernen, da mit größerer Stauchung der Einstrahlung auch die anziehende Wirkung stärker beeinträchtigt wird. Mit abnehmender Intensität wird andererseits eine Annäherung an die Sonne in Spiralen zu erwarten sein, da mit geringerer Stauchung der Einstrahlung deren Durchschlagskraft und anziehende Wirkung größer wird. Infolge Annäherung bei sinkender Intensität müssen sich demnach in größeren Zeitabständen *Abweichungen bei den Periheldurchgängen der Planeten* bemerkbar machen.

Bereits in den 40er Jahren des vorigen Jahrhunderts christl. Ztrg. wurde für den Planeten Mercur eine Perihelabweichung ermittelt, die der Newtonschen Massenanziehungshypothese widerspricht. Auch für die anderen inneren Planeten – Venus, Erde und Mars – sind ähnliche (wenn auch geringere) Perihelabweichungen ermittelt worden. Diese Perihelabweichungen sind als Beweise für die Intensitätsänderungen der Verstrahlungen anzusehen. Die Hypothese der Massenanziehung – also der ungehinderten Gravitationswechselwirkung aller materiellen Teilchen im Weltall – ist genauso falsch wie die Anwendung dieser Hypothese auf die Bewegung der Gestirne. Alle vorgebrachten «Beweise» für diese Hypothese (einschließlich des Cavendish-Drehwaagenversuchs) halten einer kritischen Überprüfung nicht stand.[6]

Dass trotz aller Abweichungen eine derart große Stetigkeit der Planetenbewegungen zu beobachten ist, ist darauf zurückzuführen, dass alle einem eigenen Kernzerfall unterworfenen Himmelskörper im Sonnensystem eine sinkende Energiefelddichte aufweisen; die Relationen bleiben also – in Annäherungen – für lange Zeiträume erhalten.

Unser Auge vermittelt über unser Energiefeld nur eine Welt des Scheins

Da der Grad der Zustandsänderung der Felder von deren Intensität voll abhängig ist, das Licht, welches wir empfangen, also gleichfalls von unserer Feldintensität bestimmt wird, können wir bei der deutlich erkennbaren Schwäche des Mondfeldes folgern, dass dort die eingestrahlten Energien nur sehr schwach gewandelt werden, das Licht demnach weit über Violett hinaus verschoben sein muss. Mit anderen Worten: Die gestirnte Umwelt hat sich vom Mond scheinbar weit entfernt. Dies gilt nicht für Erdbewohner, die zum Mond gelangen, da sie mit Augen ausgestattet sind, die auf Wellenlängen des Gestirns Erde «geeicht» sind und somit das Schwinden des kosmischen Horizonts eines andern Gestirns nicht zu erfassen vermögen. Wir müssen uns das Raumenergiefeld in bezug auf den kosmischen Gesichtskreis von der Wirkung einer veränderlichen Linse vorstellen, die mit zunehmender Intensität der Kernverstrahlung den «Himmel» heranholt und im absteigenden Abschnitt der Entwicklung allmählich verschwinden lässt.

Für die Erde bedeutet dies, dass zur Zeit des Höhepunktes der materiellen Entwicklung, also zur Zeit der größten Verstrahlungsintensität, als der eingestrahlte «Weltwille» auf Grund der ungeheuren Schweredifferenzen zwischen Tag und Nacht (denn die Stauchung der eingestrahlten Energien war natürlich unvergleichlich viel größer als in heutiger Zeit) in den oberen Materieschichten noch zu pflügen vermochte und die stark profilierte Erdoberfläche formte, die gestirnte Umwelt wesentlich näher erschien, als sie uns heute erscheint. *Unser Auge vermittelt über unser Energiefeld nur eine Welt des Scheins!*

Aus der Drehbewegung der Erde folgt, dass die durch Sonnenenergien bewirkte Schwereverminderung bzw. Zustandsänderung unseres Feldes eine kontinuierlich gleitende ist. Die beobachteten Flussbettwanderungen meridian-paralleler Flüsse sowie die Abweichungen von der Geraden beim freien Fall (von West nach Ost) sind hierauf zurückzuführen. Die Differenzen bei den Messungen der Lichtgeschwindigkeit, die zu verschiedenen Zeiten und auf verschiedenen Breiten durchgeführt wurden, sind also gleichfalls auf die verschiedenen Zustandsformen unseres Raumenergiefeldes zurückzuführen.

Unter den Lichterscheinungen seien noch die *Polarlichter* auf ihre Ursachen zurückgeführt. Die von der Sonne kommenden Energien treffen in polaren Zonen auf die von der Erde verstrahlten Energien im Winkel von 90 Grad (oder in Annäherungen) und bringen die letzteren in Schwingungen, die so stark werden, dass sie unserem Auge in Form der Farbenbänder erkennbar werden. Der Grund für ihre Abhängigkeit von den Sonnenflecken wird deutlich, wenn wir die Flecken auf unserem Zentralgestirn in ihrer Entstehung ergründen.

Nach den vorangegangenen Darlegungen wird klar, dass der berühmte Versuch der Physiker Michelson und Morley in Chicago (ausführliche Darstellung des Versuchs auf Seite 105 ff) kein Ergebnis zeitigen konnte, die erwarteten Interferenzstreifen ausbleiben mussten, weil die dem Versuch zugrundeliegende Hypothese vom «ruhenden Äther» falsch war. Das Raumenergiefeld – also der Äther – wird aus dem Kernzerfall selbst gebildet, von der Erde also im zentralen Entstehungsherd selbst mitgeführt.

Die radiale Struktur des Energiefeldes bedingt auch, dass es den Charakter eines Führungsfeldes hat, d. h. dass dank der zum Kern zunehmenden Felddichte auch eine Ablenkung der eingestrahlten Energien von der Geraden möglich ist. *Alle Energieeinstrahlungen erfahren eine bestimmte Krümmung*, sofern sie am jeweiligen Beobachtungsort nicht genau im Winkel von 180 Grad auf die von der Erde verstrahlten Energien treffen, die sich in einer scheinbaren Ortsveränderung des betreffenden Gestirns bemerkbar macht.

Dass der Grad der Krümmung der eingestrahlten Energien mit dem Einstrahlungswinkel variiert, hat sich einwandfrei bei der im Jahre 1919 christlicher Zeitrechnung veranstalteten Sonnenfinsternis-Expedition ergeben. Man beobachtete, dass die Strahlen eines hinter der Sonne gelegenen und von ihr nach den Bahnberechnungen auch verdeckten Gestirns nach Überstreichen des Sonnenrandes noch in das Blickfeld des Beobachters gelenkt wurden (scheinbare Ortsveränderung des Sterns). Diese Krümmung haben die Energiestrahlen also dank der radialen Form der Raumenergiefelder von Sonne und Erde erfahren. Die durch das Sonnenfeld bereits gekrümmten Energiestrahlen erfahren im Erdfeld eine weitere Krümmung, deren Grad vom Einstrahlungswinkel abhängig ist, also sowohl mit dem Breitengrad als auch mit der Tageszeit wechselt. Mit dieser Erklärung der Energiestrahlenkrümmung entfällt die auf Einstein zurückgehende Vorstellung von der Lichtablenkung im Schwerefeld der Sonne durch die «Raumkrümmung» in Sonnennähe (in der allgemeinen Relativitätstheorie).

Nach unseren bisherigen Ausführungen dürfte deutlich geworden sein, dass alle astrophysikalischen Messungen – Temperaturen, Dichte etc. – unrichtig sind, gehen sie doch von falschen Voraussetzungen und irrigen Hypothesen aus. Bevor wir auf andere Phänomene der Zustandsänderungen der Felder eingehen, wollen wir die volle Abhängigkeit der Materie von der Energie-felddichte nachweisen.

Wir haben dargelegt, dass sich das Licht als Ergebnis einer Zustandsänderung des Energiefeldes in voller Abhängigkeit von dessen Intensität befindet, haben ausgeführt, dass die bekannte *Rotverschiebung* bzw. die scheinbare «*Flucht der Spiralnebel*» auf die schwindende Intensität unseres Verstrahlungsfeldes schließen lässt, auf einen bereits erkennbaren «Abwärtsgang» unseres Gestirns. Dieses Phänomen des Alterns muss sich dann notwendigerweise auch in der Materie auswirken. Die von W. Heisenberg und andern Physikern wiederholt aufgeworfene Frage nach der Ursache für die in den Atomen zu vermutenden Bewegungen ist durch das Wirken der Kernverstrahlung beant-wortet. Die aus dem Kern jedes Gestirns durch Zerfall oder Auf-lösung freiwerdenden Energien bewirken sowohl den Zusam-menhalt der Materie als auch die Rotation der aufgesplitterten Raumenergiepartikelchen. Die Rotationsgeschwindigkeit wird von der Felddichte bestimmt; da diese nach dem Kernzerfallge-biet hin zunimmt, ergeben sich für die Raumenergiepartikel-chen auch nach dem Kern zunehmende Schwingungsrhythmen und mit der Kernentfernung eine Abnahme der Schwingungs-rhythmen.

Wenn wir zur Zeit auf der Oberfläche des Gestirns, d. h. also in bestimmter Kernentfernung, einen Zerfall von 12 Elementen feststellen, die sogenannte *Radioaktivität*, so können wir sagen, dass dieses Phänomen, ähnlich wie die scheinbare Flucht der Spiralnebel, von der nachlassenden Verstrahlungsintensität der Erde kündet. Die von den Wissenschaftlern ermittelten «*Halb-wertzeiten*» einzelner radioaktiver Elemente verlieren unter Be-rücksichtigung des lebendigen Entwicklungsgangs unseres Gestirns jene ihnen in der Zeitorientierung unterschobene Bedeutung. Das gleiche gilt für die erdgeschichtlichen Zeitangaben, überhaupt für alle diesbezüglichen naturwissenschaftlichen Vorstellungen, lassen sie doch das Grundgesetz für alle zur Welt der Erscheinungen gehörenden Phänomene, das Gesetz des Werdens und Vergehens, den sehr lebendigen Auf-und Abwärtsgang unberücksichtigt.

«Panta rhei», sagt Herakleitos, «alles fließt.» Also alle Formen der Materie stehen in voller Abhängigkeit von der jeweiligen Energiefelddichte. Wenn aus dem Weltraum Materiesplitter unbekannter Art in unser Energiefeld gelangen, so erfahren diese Raumenergiepartikelchen eine atomare Umordnung, d. h. die in ihnen schwingenden Energien werden von der Energiefelddichte der Erde erfasst und derart beschleunigt, wie es unsere Felddichte bestimmt. Da dieser Vorgang der atomaren Umordnung sich durch den schnellen *Einfall der Meteoriten* sehr beschleunigt, kommt es zum Aufglühen oder gar zum Verdampfen der Partikelchen. Die volle Abhängigkeit der Materieformen von der Intensität unseres Raumenergiefeldes bedingt demnach, dass wir aus dem Weltraum niemals andere als die uns bekannten Elemente der Erde empfangen. Wir haben uns also den Formen- und Gestaltungsreichtum der Schöpfung als unbegrenzt vorzustellen, müssen uns dazu bekennen, dass die hier auf der Erde in Erscheinung tretenden Phänomene durchaus keine Rückschlüsse auf Erscheinungsformen auf andern Gestirnen zulassen.

So wenig also die Elemente in Meteoriten uns die Möglichkeit zu Rückschlüssen auf den materiellen Aufbau des Weltalls geben, so wenig auch die Ergebnisse der *Spektralanalyse*; denn alle von andern Gestirnen zu uns gelangenden Energien erfahren in unserm Feld eine Wandlung, und die beobachteten Linien lassen nur den Schluss zu, dass außer der Eigenverstrahlung der jeweils beobachteten Gestirne noch reflektierte, also von andern Gestirnen dort eingestrahlte Energien in unser Blickfeld gesteuert werden. Durch diese Reflexion erst erhalten die in unser Energiefeld gesteuerten Strahlungen wellenförmiger Art jene Eigenschaften, die in der Spektralanalyse die bekannten Linien hinterlassen. Nur auf Reflexion sowie auf das Vorhandensein von Materie in gasförmiger Art ist bei den Spektrallinien zu folgern, nicht aber auf bestimmte uns hier bekannte Elemente.

Der feste Aufbau der Gestirne

Auch die *Aggregatzustände* (Aggregatzustand = äußerer Formzustand – gasförmig, flüssig, fest) der Materie befinden sich in voller Abhängigkeit von der Energiefelddichte. Also nur auf der Oberfläche unserer Erde – und das ist immer auch eine Aussage über den Abstand vom Kernzerfallgebiet, dem Entstehungsherd des Absoluten – tritt der Aggregatwechsel bei den verschiedenen Elementen bei den ermittelten Tumperaturen ein. Je weiter wir uns dem Kerngebiet nähern, um so größer müssten die Temperaturen sein, d. h. umso größer müsste der Energieaufwand sein, um die atomare Rotation derart zu beschleunigen, dass ein Aggregatwechsel erfolgt. Je weiter wir uns von der Oberfläche entfernen, um so geringer wird der Energieaufwand sein müssen, um einen Aggregatwechsel zu bewirken.

Wir haben also auch in tiefsten Schichten der Erde – vom Kernzerfallgebiet natürlich abgesehen – die uns dort unbekannten Materieformen als durchaus fest anzunehmen, nicht aber «feuerflüssig», wie die Naturwissenschaftler der Erde auf Grund der Vulkantätigkeit folgerten oder gar auf Grund der sog. «*Thermischen Tiefenstufe*» errechneten. Bei den *Vulkanen* tritt nun ein besonders interessantes Phänomen in Erscheinung. Wir wissen, dass durch Tag- und Nachteinstrahlung entsprechend differenzierte Zustandsformen unseres Energiefeldes – Entlastung am Tage und volle Last in der Nacht – in rhythmischem Wechsel auftreten, *der Schlaf und das Wachen des Menschen* durch diesen gleichen Vorgang bestimmt werden und dass dieser unterschiedlichen Schwereverhältnisse wegen die Erdschichten in ständigen Spannungen stehen.

An alten Bruchkanten, die aus der Zeit größerer tektonischer Verschiebungen verblieben sind, wird in diesem Spannungswechsel Materie in schnellem Durchgang an die Oberfläche gepresst. Die in größerer Tiefe – also in dichterer Packung des Energiefeldes – schneller rotierenden Materiepartikelchen werden in größere Kernentfernung geschleudert, und da die schnellere atomare Rotation in größerer Kernentfernung bereits zu einem andern Aggregatzustand ausreicht, also statt fest – flüssig, so beobachten wir in den Vulkanen den Austritt der feuerflüssigen Lava. Auch die Geisire in den Vereinigten Staaten und in Island sowie die *warmen Quellen* haben im rhythmischen Wechsel der Zustandsänderungen des Energiefeldes – also in Tag und Nacht, Entlastung und Last – ihre Ursache. Also nicht in der Tiefe ist die Wärme, sondern im schnellen Durchgang in Zonen geringerer Felddichte entsteht die Wärme.[7]

Hinzu kommen natürlich jene durch die Atmosphäre – durch das Medium Luft – bedingten Verschiebungen, jedoch ist sicher, dass das Schwergewicht bei allen Betrachtungen in der eigentlichen Ursache – dem Energieverstrahlungsfeld – zu suchen ist.

Die aus den differenzierten Schwereverhältnissen zwischen Tag und Nacht folgenden Spannungen der Erdschichten erklären ferner auch die terrestrischen Verschiebungen, die sich in Erdstößen – *Erdbeben* – auswirken.

Die Materieformen in der Tiefe der Erde, dank der radialen Struktur des Verstrahlungsfeldes und seiner bestimmenden Bedeutung, entziehen sich notwendig jedem forschenden Zugriff. So wie der Weltraum – die Weltseele – sich jedem messenden Versuch entzieht bzw. alle Messungen illusorisch werden, so weist das Kerngebiet eines Gestirns, aus dem der verstrahlende Weltenwille – das Absolute – den Bewegungsablauf des Gestirns speist, jede Forschungsbemühung zurück.

Unsere Sinneswahrnehmungsorgane, aus den Materiebildungen der Oberfläche des Gestirns geformt, sind auch nur dazu geeignet, diese Lebenssphäre (im weiteren Sinne) zu erfassen. Alles, was sich in dieser Lebenssphäre zeigt, ist Wirkung; niemals erfassen unsere Sinesorgane die Ursache – so auch die Lehre Giordano Brunos. Um die Ursache zu erkennen, ist – wie Herakleitos sagt – ein «feines Seelenleben» erforderlich. In den Upanishaden wird in hämmernder Wiederholung darauf verwiesen, dass atma – die Seele – das Ausschlaggebende ist für jede Erkenntnis. Die Welt der Wirkungen oder der Erscheinungen wird mit völligem Recht als «Maya» – als Schein – bezeichnet; doch enthält dies keinen Zweifel an der wirklichen Existenz dieser Welt, sondern weist nur darauf hin, dass der Ursachenforschung über atma – die Seele – die entscheidende Bedeutung zufällt. Wer die Wirkung für die Ursache hält, wer die Seele dem Körper gleichsetzt, so heißt es in den Upanishaden, der gehört zu den «bösen Geistern».

Bevor wir nun Elektrizität und Magnetismus auf ihre Ursachen zurückführen, wollen wir noch einige astronomische Phänomene ordnen, um mehr über die Wandlungsfähigkeit der Raumenergie zu erfahren.

Der Reflexionskranz der Sonne

Zunächst sei darauf verwiesen, dass nach diesen Darlegungen die *Sonnenflecken* keine Eigentümlichkeiten der Sonnenoberfläche sein können, sondern nur erdwinkelgerechte Intensitätsminderungen der Sonnen-Energieverstrahlung. Diese Intensitätsminderungen treten durch Einstrahlungen anderer Gestirne bzw. deren Energiefelder in Erscheinung, Vorgänge, die bei uns als dunkle Flecken zu beobachten sind. Die Art der Bewegung dieser Flecken beweist die Richtigkeit dieser Erklärung, denn ihre Bewegungsgeschwindigkeit ist in den verschiedenen heliographischen Breiten verschieden groß, ein Umstand, der nur durch Reflexionsbewegungen erklärt werden kann. Eine verschiedene Rotationsgeschwindigkeit für verschiedene heliographische Breiten anzunehmen, wie es die Naturwissenschaftler tun, steht im Widerspruch zu allen Vernunftüberlegungen. Da die Stauchung der eingestrahlten Energien von der Intensität des Raumenergiefeldes des jeweiligen Gestirns abhängt, können wir bei der ungeheuren Intensität des Sonnen-Energiefeldes als sicher annehmen, dass auch die kleinen Energiefelder der Planeten für die Sonne von großer Bedeutung sein müssen. Ein Blick auf die *Korona der Sonne* zeigt deutlich, dass sie sogar die Hauptbedeutung haben.

Die Verlängerung der Korona in äquatorialen Breiten bis auf ±30 Grad, der verhältnismäßig stetige Kranz ober- und unter-

78

halb dieses Gebietes, weist klar auf die Planeten hin, da diese sich in der Äquatorialebene der Sonne bewegen. Unter den Planeten werden die Energiefelder des Jupiters und des Saturns wieder die größte Bedeutung einnehmen. Außerdem deutet der schnelle Wechsel der Koronaform auf die Planeten, denn die großen Nachbargestirne der Sonne haben einen stetigeren Gang, als dass sie bzw. ihre Energiefelder mit der schnellen Formänderung der Korona in Verbindung gebracht werden könnten.

Die Form der Korona zeigt andererseits, dass bei starker Eigenverstrahlung eines Gestirns die eingestrahlten Energien gar nicht die Oberfläche des Gestirns treffen, sondern bereits in der oder gar außerhalb der atmosphärischen Schicht abgelenkt und reflektiert werden.

Hierauf ist es zurückzuführen, dass wir weder von der Sonne noch vom Jupiter oder vom Saturn ein Bild der festen Oberfläche erhalten können. Von der Oberflächenbeschaffenheit eines Gestirns werden wir nur einen Eindruck empfangen, wenn diese Oberfläche für die zurückgeworfenen Energiestrahlen die Reflexionswand bildet. Bereits in der oder gar außerhalb der atmosphärischen Zone reflektiert, fehlt den Energien die den bildhaften Eindruck vermittelnde Differenzierung. In der geringen Feldintensität des Mondes ist es also begründet, dass wir ein klares Reliefbild seiner Oberfläche erblicken.[8]

Korona und Sonnenflecken (auch die sogen. *Protuberanzen*) sind im Übrigen nur verschiedene, unserem Erkenntnisvermögen zugängliche Formen des gleichen Phänomens: Der Energieeinstrahlung von andern Gestirnen. Damit stimmt auch überein, dass bei Sonnenfleckenhäufigkeit die Koronaform nahezu kreisförmig ist, andererseits bei strahlenförmiger Erweiterung in den äquatorialen Breiten die Sonnenflecken selten erscheinen.

Energieaufsplitterungen

Aus dem Gegeneinanderwirken der Raumenergiefelder Sonne – Erde ergeben sich nun wichtige Folgen. In der Sphäre der größten Energiefelddichte – also der Oberflächensphäre im weiteren Sinne – werden bei dem zahnkranzartigen Ineinandergreifen der Felder Energiestrahlungen aufgesplittert, die noch nicht Materie, aber auch nicht mehr Strahlung sind. Eine Form der Raumenergie, die gleichsam in der Mitte zwischen Licht und Materie steht und ein Provisorium im inneren Gefüge darstellt. Da diese Energieabsplitterungen einer abstoßenden und einer anziehenden Wirkung ihre Entstehung verdanken, denn das Energiefeld der Sonne in seiner Überlegenheit zieht an, das Energiefeld der Erde stößt ab, bzw. weiß den Gestirnabstand mit seiner Verstrahlung zu halten, so behalten auch diese, ein Provisorium darstellenden Energiesplitter die entsprechenden Eigenschaften bei und sättigen die gesamte Oberfläche der Erde im weiteren Sinne aus der täglichen Zeugung.

Diese Energieteilchen bringen die Erde in ein Spannungsgefälle, welches wir als *Magnetismus* bezeichnen. Es ist in Wahrheit Raumenergie aus dem Verstrahlungsprozess der Sonne und der Erde; und unsere nutzbare *Elektrizität* ist eine Anzapfung dieses Sättigungsüberschusses unter Ausnutzung des Spannungsgefälles seiner Herkunft.

So wie durch die Tageinstrahlung der Raumenergien der Sonne der Zustand unseres Feldes geändert wird und Licht entsteht, so ähnlich können durch die Energieteilchen in der Spannungsform der Elektrizität Zustandsänderungen begrenzter Art hervorgerufen werden – mit Lichtwirkung (z. B. künstliches Licht).

Gestirne sind keine trägen und schweren Körper

Schöpferische Philosophie befindet sich immer in innigster Übereinstimmung mit der Natur. So einfach und klar, wie die Natur ist, ähnlich eindeutig muss auch die Philosophie sein. Das Kennzeichen des Chaos ist Verworrenheit und Abstraktion; der Abfall von Gott – vom Weltenschöpfer – wird in jenem geschwätzigen Ungeist deutlich, der von den Sophisten Griechenlands in die Welt gebracht wurde. – Dieser Abfall von Gott offenbart sich in der Abkehr von der Natur, ja in ihrer Verachtung. Von Sokrates wird uns die Äußerung überliefert: «Die unvernünftige Natur ist keines Studiums würdig.»

Wollen wir noch einige notwendige Folgerungen aus den vorangegangenen Ausführungen ziehen, um unsere Vorstellungen von den bisherigen erdoberflächenverhafteten zu lösen.

Die Erde ist also kein «Rotationsellipsoid», denn ihre Deformierung erhielt sie durch die angeführte differenzierte Art der Zustandsänderung des Feldes, die in den äquatorialen Breiten natürlich stärker ist als an den Polen, was auch heute noch durch die zu beobachtenden Fluthöhen bei den Bewegungen der Weltmeere bewiesen wird. – Alle auf der Oberfläche der Erde in Erscheinung tretenden Kräfte sind Folgen – oder Wirkungen – der gleichen Ursache: der radialen Struktur unseres Energieverstrahlungsfeldes. – Auf das ganze Gestirn bezogen, fallen diese Erscheinungen fort. Das heißt also, dass nur auf der Oberfläche des Gestirns Dinge etwas wiegen, das ganze Gestirn aber wiegt – nichts! Da die Schwerewirkungen, vom Gestirnkern ausgehend, nach allen Seiten verstrahlen, so heben sie sich in sich wieder auf.

Diese aus der radialen Struktur unseres Energiefeldes gezogenen Schlussfolgerungen decken sich vollkommen mit der Ansicht Giordano Brunos. In seiner Schrift «Vom Unendlichen, dem All und den Welten» heißt es: «Wir werden beweisen, dass keiner der unzähligen Weltkörper, die es gibt, für sich selbst schwer oder leicht ist. Diese Eigenschaft eignet nur den Teilen, sofern solche zu ihrem Ganzen und zum Orte ihrer Erhaltung streben, sie hat also keinen Sinn für das Weltall ... An ihrem Orte ist daher die Erde nicht schwerer als die Sonne an ihrem oder der Saturn an seinem und der Polarstern an dem seinigen.»[9]

Wandlungen der Raumenergie

Wir haben auf Grund einer schöpferischen Intuition im Kernverstrahlungsfeld eines Gestirns das Absolute aufgefunden; soweit es den Weltwillen anlangt, den «Baustoff der Welt». – Dass es sich wirklich um den Baustoff der Welt handelt, werden wir durch Einordnung eines andern Phänomens noch darzutun haben. Die Ausführungen sind bewusst von allen Weitschweifigkeiten freigehalten worden, um die Geschlossenheit der Einordnung aller Phänomene innerhalb der Welt der Erscheinungen nicht zu trüben. Zusammengefasst stellt sich die Zurückführung der hier aufgezählten Phänomene der Erscheinungen auf die «Grundursache» wie folgt dar:

WIRKUNGEN		URSACHE
Schwere	Anziehungskraft Der freie Fall Ebbe und Flut Flussbettwanderungen Fallgeschwindigkeitsdifferenzen	Kernverstrahlungsfeld der Erde
Licht	Tageslicht Ultraviolette Strahlung Ultrarote Strahlung Mond- und Sternenlicht Polarlichter	Zustandsänderungen des Kernverstrahlungs- feldes
Elektrizität und Magnetismus		Energieaufsplitte- rungen der Felder Sonne – Erde durch zahnkranzartiges Zusammenwirken
Bahnbewegungen der Gestirne sowie Achsendrehungen		Kernverstrahlungs- felder aller miteinander verbundenen Gestirne
Materie	Atomare Rotation und Zusammenhalt Trägheit («träge Masse») Radioaktivität Meteore Aggregatwechsel Vulkane und Geisire	Energiefelddichte (Abhängigkeit aller Erscheinungen von der Intensität der Strahlungspackung)

Wir haben nach diesen Ausführungen nur noch den Übergang vom Licht zur Materie zu finden, um den Kreis zu schließen.

Unsere vorangegangenen Darlegungen lassen bereits ahnen, dass alles zur Welt der Erscheinungen Gehörige nur auf Zustandsverschiedenheiten des Weltwillens – der Raumenergie – zurückzuführen ist.

Die erste Zustandsänderung, die unseren Sinneswahrnehmungsorganen erkennbar wird, ist das Licht. Da diese Zustandsänderung unseres Energieverstrahlungsfeldes durch Einstrahlung von Sonnenenergien (im wesentlichen) erfolgt, das wuchtige Gegeneinanderwirken der Felder eine Auflockerung der Strahlungen bewirkt, so ist die Dichte der Strahlung am Tage nicht mit der in der Nacht zu vergleichen. Die verschiedene Anziehungswirkung in den Gezeitenwellen demonstriert diesen Vorgang deutlich.

Infolge der radialen Struktur unseres Feldes muss dieser Vorgang der Stauchung am stärksten sein in den Gebieten der Oberflächensphäre im weiteren Sinne. Dabei ergeben sich Aufsplitterungen der zahnkranzartig ineinandergefassten Verstrahlungsfelder Sonne – Erde, welche die Ursache für Magnetismus und Elektrizität sind. Diese Aufsplitterungen stellen im Vergleich zum eigentlichen Feld der Nachtverstrahlung (also verhältnismäßig ungestaucht) eine noch größere Auflockerung dar, als es bereits das Licht ist. Bewirkt wird dieser Vorgang der Aufsplitterung durch das Gegeneinanderwirken der Verstrahlungsfelder. – Wenn nun derartige Vorgänge mit größerer Heftigkeit erfolgen, dann verwandelt sich jenes dem Magnetismus zugrundeliegende Provisorium in Materie. Dieser Vorgang ist in der sogenannten *Zodiakallichtmaterie* (Zodiakus = Tierkreis) zu beobachten. Durch das Gegeneinanderwirken der kräftigsten Energiefelder innerhalb unseres Sonnensystems – vor allem das der Sonne gegen die des Jupiters und Saturns – haben sich derartige Absplitterungen von Energien vollzogen, so dass die Äquatorialebene der Sonne mit einem feinsten Staub gefüllt ist. Dieser interplanetarische Staub bewirkt in den äquatorialen Breiten der Erde das Phänomen des Zodiakallichts oder Tierkreislichts.

Betrachten wir in astronomischen Büchern die Aufnahmen oder Zeichnungen des *Saturns mit seinen Ringen*, so können wir nunmehr folgern, dass bei der Erschaffung des Gestirns aus dem Gegeneinanderwirken von Strahlungen vieler Gestirne die Energien zu Bändern verzischten und statt der vom Weltenschöpfer beabsichtigten Konzentration um einen Zerfallpunkt (also statt eines Mondes) sich jene Saturnbänder bildeten.

Mit diesen Ausführungen sind wir bereits bei der *Kosmogonie* angelangt. Jedoch haben wir uns hier zu beschränken, denn die Kosmogonie ist der spirituellste Vorgang der Schöpfung, und unsere Darlegungen haben zunächst nur das Ziel, den Weltwillen – die Raumenergie – als Grundursache in das Blickfeld unserer Betrachtungen zu ziehen; das Absolute im Sinne einer echten Metaphysik mit der Welt der Erscheinungen so überzeugend zu verbinden, dass wir aus dem erdoberflächenverhafteten Denken in ein kosmisches Denken hineinkommen; dass wir das im Abendland übliche abstrakt-spekulative Denken mit betont analytischem Charakter durch ein schöpferisch lebendiges Denken mit synthetischem Charakter ersetzen. –

Der «Baustoff der Welt» ist nach diesen Darlegungen der Weltwille, der «Wille» des Weltenschöpfers – oder, wie ein Inder sagen würde, «Alles ist Brahm!»

Weltwille oder Raumenergie offenbart sich uns in den verschiedensten Zuständen, und soweit wir es hier zusammengetragen haben, lässt sich folgende Reihenfolge aufweisen:

Urzustand	Kernverstrahlung
I. Wandlung	Licht und Wärme
II. Wandlung	Elektrizität
III. Wandlung	Zodiakallichtmaterie
IV. Wandlung	Saturnringe und
V. Wandlung	der große Nebel im Sternbild des Orion
VI. Wandlung	Materieballung höchster Art: ein Gestirn

Die Belebtheit der Gestirne

Das hier entworfene metaphysische Weltbild – auf das Absolute zurückgehend – zeigt jene Züge höchster Spiritualität, die der Schöpfung zwangsläufig innewohnen muss, wenn wir die Geistigkeit des Menschen als Fundament der Schöpfung betrachten wollen. Dabei offenbart sich,

«Was die Welt im Innersten zusammenhält» (Goethe, Faust)
– der Weltwille, der Wille des Weltenschöpfers! –

Die Schöpfung kennt keine Probleme, – wir Menschen sind es, die auch aus dem Einfachsten ein Problem machen können. In Wirklichkeit kennt die Schöpfung nur ein Problem: den Menschen; dessen Aufgabe war und bleibt es immer, in seinem Innern dieses Problem zu lösen. («Erkenne dich selbst!» – im alt-griechischen Sinne – d. h. «Anamnesis» = Erinnerung an Vorge-burten.)

Mit unseren Ausführungen haben wir endlich jene kosmi-sche Blickrichtung erreicht, aus der heraus wir alle Gestirne des Weltalls als belebt betrachten können. Keines der Gestirne ver-strahlt Licht oder Wärme, und die Verstrahlungsfelder aller Ge-stirne wandeln die Einstrahlungen auf jene für Lebensvorgänge erträgliche Maße. – Die Sonne ist demnach kein heißer Körper, so wenig heiß wie alle andern sogen. «Fixsterne», und der tiefe Sinn der Schöpfung aller Gestirne erschließt sich erst aus der Kenntnis der Sphäre des Absoluten, aus der Kenntnis jener Ge-setze des Weltalls, die in die Sphäre des Absoluten eingreifen.[10]

Der Regenbogen als kosmisches Zeitmaß

Haben wir uns auch in diesen Ausführungen zu beschränken, so wollen wir doch, auch um die Spiritualität unseres kosmischen Weltbildes zu unterstreichen, einen dem Anschein nach rein physikalischen Vorgang mit dem Metaphysischen verbinden.

Wir haben dargelegt, dass sich im Auf- und Abwärtsgang der Erde die Art der Zustandsänderungen unseres Raumenergiefel-des wandelt. Zu jener Zeit, die von den Wissenschaftlern als Tertiärzeit bezeichnet wird, muss die gestirnte Umwelt schein-bar viel näher, die Rotation unserer Erde sowie die Bahnbewe-gung um die Sonne müssen schneller gewesen sein. Die gewan-delte Energiestrahlenskala muss weit über Rot verschoben ge-wesen sein. Dementsprechend waren die Unterschiede zwi-schen Last und Entlastung – zwischen Tag und Nacht – auch wesentlich größer, der eingestrahlte Weltenwille – die Raumenergie – hat in den oberen Schichten der Erde gewaltig zu pflügen vermocht, Gebirge und Täler wurden gestaltet, und die Tiere jener Zeit trugen wegen der gewaltigen Spannungsdifferenzen zwischen Tag und Nacht eine gepanzerte Hülle. Ihre Augen waren auf größere Wellenlängen «geeicht», als wir sie heute wahrzunehmen vermögen. Auch die Größe der Tiere – Saurier etc. – entsprach jenen Zuständen einer sehr nahe erscheinenden kosmischen Umwelt.

In unseren Tagen wird nun registriert, dass die ultraviolette Strahlung zunimmt, dass die Spiralnebel sich mit gleichsam messbarer Geschwindigkeit von uns entfernen bzw. dass sich in den Spektrallinien der Galaxien eine Rotverschiebung beobachten lässt. Diese Vorgänge, zusammen mit der Radioaktivität verschiedener Elemente, sind in Wahrheit Beweise für die nachlassende Intensität der Kernverstrahlung unserer Erde, Zeichen des Abwärtsgangs in der Entwicklung des Gestirns. Daraus folgt, dass der Regenbogen der uns bekannten Art auch keinen immerwährenden Bestand hat, dass etwa auf dem Höhepunkt der materiellen Entwicklung Farben wie Violett und Blau gefehlt haben dürften und dass zu späterer Zeit, also im weiteren Abwärtsgang der Entwicklung, sogar die Farbe Rot verschwinden könnte. – Bedenken wir, dass die Farbe des menschlichen Blutes Rot ist, Rot gleichzeitig die Grenzfarbe in unserem Regenbogen, dann gewinnen jene Worte im «Alten Testament» eine sehr gewichtige Bedeutung:

«Meinen Bogen habe ich gesetzt in die Wolken, der soll das Zeichen sein des Bundes zwischen mir und der Erde ... Und Gott sagte zu Noah: Das sei das Zeichen des Bundes zwischen mir und allem Fleisch auf Erden.» (1. Buch Mose, 9. Kap.)

Rot ist die Farbe des Lebens, und eine Vermehrung der weißen Blutkörperchen – Leukämie – hat den Tod zur Folge. Noch ist im Regenbogen die Farbe Rot deutlich zu erkennen, jedoch die Rotverschiebung – oder die scheinbare «Flucht der Spiralnebel» – kündet von der starken Abnahme unserer Kernverstrahlung und weist auf ein fernes Ende hin. *So ist der Regenbogen ein kosmisches, also ein göttliches Zeitmaß für die Menschen.* Unsere Augen sind auf dieses Maß gleichsam «geeicht», denn die Energiestrahlenskala der Zustandsänderung unseres Feldes ist in Wirklichkeit wesentlich größer, umfasst sowohl ultraviolette als ultrarote Strahlungen. Nicht das Licht setzt sich aus den Regenbogenfarben zusammen, sondern unser Auge nimmt nur diesen Ausschnitt wahr.

Der Kosmos ist wie ein Spiegel

Unsere Welt der Sinneswahrnehmungsorgane offenbart Wirkungen, die Ursachen aber im tiefsten Sinne entziehen sich sowohl den Sinnesorganen als auch dem Verstand, der nur ordnende Funktionen der Sinnesbeeindruckungen erfüllt.

Wenn der Physiker Boltzmann erklärte, dass die Frage nach der Grundursache nicht zum Aufgabenbereich des Physikers gehöre, sondern er sich allein um die einfachste Einordnung aller Phänomene der Erscheinungen zu bemühen habe, so entspricht diese Aussage der Ansicht Comtes: «Erste Ursache und letzter Zweck entzieht sich einer wissenschaftlichen Erkenntnis!» Unsere Ausführungen haben dargetan, dass erst nach der

Kenntnis der wahren Ursachen die einfachste Einordnung aller Phänomene der Welt der Erscheinungen möglich ist, und zwar haben wir uns dabei auf das beschränkt, «was die Welt im Innersten zusammenhält».

Die gestaltenden, formenden Kräfte der Schöpfung sind nicht erwähnt worden. Wir haben gleichsam nur die Weltbühne in ihrem himmlischen Mechanismus der lebendigen Wirklichkeit nachgezeichnet, haben die echte Ursache mit einer bestimmten Zahl der Erscheinungen in Verbindung gebracht. Die Auswahl ergab sich aus unserer Einschränkung, die wir mit dem Wort «Weltwille» bezeichneten. «Weltseele», jene Sphäre, die alle formenden Gewalten umfasst, haben wir bei unseren Betrachtungen unberücksichtigt gelassen. Erst nach Einführung von Weltseele würde unsere «Weltbühne» mit all jenen lebendigen Phänomenen bevölkert werden, die dem Gestirn tiefsten Sinn geben, erst nach dieser Einführung würde sich unsere «Bühne» in ein großes «Welttheater», wie es von Calderon bezeichnet wurde, verwandeln.

Doch wir bleiben bei unserer bisherigen Art der Betrachtung, sind ihr doch noch wesentliche Erkenntnisse zu entnehmen. Unsere Sinneswahrnehmungsorgane sind, wie Herakleitos und Giordano Bruno betonten, höchst unzulängliche Organe. Aus dieser Unzulänglichkeit der Sinnesorgane ergeben sich Täuschungen der mannigfachsten Art. – Eine der wesentlichsten Täuschungen ergibt sich aus den Wirkungen der radialen Struktur unseres Kernzerfall-Feldes. Unsere Sinnesorgane sind außerstande, die Achsendrehung des Gestirns sowie seine Bahnbewegung um die Sonne zu registrieren. Aus dem Werden des abendländischen Weltbildes wissen wir, wie der Abendländer in seinem geistigen Entwicklungsgang viele Jahrhunderte brauchte, um sich vom geozentrischen Weltbild des Aristoteles zu lösen und die heliozentrische Lehre des Aristarchos von Samos, die von Kopernikus übernommen wurde, innerlich zu akzeptieren.

Dem Augenschein nach ruht unsere Erde sicher, und die Sonne sowie die andern Gestirne scheinen sich um sie zu drehen. Diese Täuschung zu überwinden, war eine geistige Leistung, jedoch wurden die entsprechenden Konsequenzen, die sich daraus für alle Phänomene innerhalb der Welt der Erscheinungen ergaben, nicht gezogen. – Giordano Brunos Bemühungen um eine Verlebendigung der Weltvorstellungen fruchteten nur bei einem kleinen Kreis von Menschen, unter denen Schelling, Goethe und Novalis hervorragen. Unserer großen Synthese lag eine blitzähnliche Intuition zugrunde, keineswegs aber eine von der Farbenlehre Goethes ausgehende Arbeit. Dennoch wurde bei späterer Lektüre der «Farbenlehre» jenes Bemühen Goethes um eine Synthese als geistesverwandt erkannt, während andererseits die «analytische Methode» der Naturwissenschaftler als ungeeignet für große und lebendigste Erkenntniskomplexe abgelehnt wurde. – Hinzu kam, dass der Verfasser bereits vor der Entdeckung der Kernspaltung beim Element Uran durch Otto Hahn eine den Naturwissenschaftlern antipodisch entgegenstehende Geisteshaltung als Philosoph eingenommen hatte.

Nach der Einordnung der Phänomene des Lichts und der Anziehungskraft in einen großen, alles verbindenden Lebenskomplex, den wir als Verstrahlungsfeld seiner Entstehung nach bezeichneten, gewinnen die Aussagen Newtons über die Gravitation, das Licht und die Farben etwas geradezu Entlarvendes.

In Hinblick auf die Massenanziehung erklärt Isaac Newton recht stolz, dass er es ablehnen müsse, für die Eigenschaft der

Gravitation eine erdichtete Erklärung abzugeben. Wie Ernst Mach – «Erkenntnis und Irrtum» – richtig bemerkte, ist diese Haltung etwas ungewöhnlich bei einem Manne, der sich sonst durch eine Fülle von Hypothesen auszeichnete.

Der philosophische Interpret der «mechanischen Welterklärung» Newtons – Immanuel Kant – erklärt:

> «Alle diese Himmelskörper sind runde Massen, so viel man weiß, ohne Organisation und geheime Kunstzubereitung, die Kraft, dadurch sie angezogen werden, ist allem Anschein nach eine der Materie eigene Grundkraft, darf also und kann nicht erklärt werden.» («Theorie des Himmels und der Himmelskörper»)

Es ist interessant, wie Kant sich bemüht, um ja niemanden an die «wunde Stelle» der Materialisten zu lassen; «die Kraft, dadurch sie (die Gestirne) angezogen werden, ... darf also nicht erklärt werden!» – Es ist daran zu denken, dass gerade hinter dem Phänomen der Schwere des Rätsels Lösung lag – das Absolute im Urzustand, das Verstrahlungsfeld, – der verstrahlende Weltwille. Newton, der sich durch eine Fülle von Hypothesen auszeichnete, weicht beim Phänomen der Schwere – wie erwähnt – aus, und Kant versucht sogar suggestiv, sich gleichsam blockierend vor jede Erklärungsmöglichkeit zu werfen.

Wollen wir uns noch einmal vergegenwärtigen:

> «Mit dem Erscheinen des Sokrates und des ‹Geistes› starb der Kosmos.» (D. H. Lawrence, «Apokalypse»)

Von Sokrates wird uns die Aussage überliefert:

«Die unvernünftige Natur ist keines Studiums würdig!»

Sokrates gilt als der Begründer des begrifflichen, wissenschaftlichen Denkens. Immanuel Kant sagt:

«Alle diese Himmelskörper sind runde Massen, soviel man weiß, ohne Organisation und geheime Kunstzubereitung ...»

Unser Körper sowie alles, was uns umgibt, Minerale, Gräser wie Blumen, Bäume und Tiere, von der kleinsten zur größten Kreatur, verraten – unübersehbar – wunderbarste Weisheit und großartigste Organisation.

Das Wort Philosoph stammt von dem Griechen Herakleitos aus Ephesos und bedeutet «Freund der Weisheit». Da sich Herakleitos zum Kult der Eleusinischen Demeter bekannte, ihm erblich die Würde eines Hohepriesters dieses Naturkults zustand, können wir annehmen, dass er sich als einen Freund göttlicher Weisheit betrachtete, sicherlich aber das Verpflichtende dieses Titels – Philosoph – empfand.

Mit Sokrates ging also offenbar mehr verloren als der Kosmos.

Wir haben mit der Aufdeckung der vollen Abhängigkeit vieler Phänomene der Erscheinungswelt von der Kernverstrahlung – dem unsichtbaren Absoluten – den Beweis erbracht, dass Metaphysik die höchste Form der Realität für sich in Anspruch nehmen kann. Unsere Erde – unsere «Weltbühne» – wird vom Willen des Weltenschöpfers in rasender Fahrt um die Sonne getrieben und um ihre eigene Achse gewirbelt, in Licht und Nacht getaucht. Bedenken wir die mannigfaltigsten Wandlungen des Weltwillens, die Vielzahl der Funktionen, die in harmonischer

Weise geradezu spielend vom Willen des Weltenschöpfers erfüllt werden, so werden wir der Grundsubstanz – der Raumenergie – wohl ohne zu zögern das Prädikat «göttlich» zubilligen. Hier sei eingeworfen – was im Grunde selbstverständlich –, dass unsere Welt höchster Realität sich durchaus nicht mit jener Welt vergleichen lässt, von der Schopenhauer behauptete, dass sie das Produkt aus «Wille und Vorstellung» sei. Der Schopenhauersche «Wille» ist natürlich der menschliche Wille. Unser Weltwille ist der Wille des Weltenschöpfers; und der Erkenntnis liegt eine echte «theoria» im altgriechischen Sinne – also «Gottesschau» – zugrunde. Der Weltwille ist, wie unsere Ausführungen belegten, von allerhöchster Realität, der gegenüber alle Erscheinungen innerhalb der Welt der Sinneswahrnehmungen verblassen.

Unsere Darlegungen haben unseren Horizont aufgerissen, denn wir können hiernach nicht mehr die Frage stellen, ob andere Gestirne auch von Wesen der Bewusstseinshöhe des Menschen bewohnt werden, sondern wir können nur noch sagen, dass jedes Gestirn für die betreffenden Bewohner einen andern Regenbogen zeigt. Die Verschiedenheit ergibt sich unter anderem aus der verschiedenen Größe der Gestirne und der entsprechend anderen Intensität ihrer Kernzerfall-Felder.

Seien wir nicht so kleinlich, wenn wir vom Weltenschöpfer träumen, denn zu unserem Sternhaufen (Milchstraßensystem) gehören unzählige Gestirne, und das Weltall ist unendlich, und so ist es auch die Zahl der Sternhaufen. – Die Eigenschaft des Weltwillens im Urzustand entspricht durchaus dem Göttlichen, ist also unendlich. Schauen wir uns auf der Erde um, so stellen wir fest, dass der Formen- und Artenreichtum gleichfalls nahezu unendlich ist. Wir haben uns also ein wenig Mühe zu geben, wenn wir im Sinne der Schöpfung denken wollen; können niemals sagen: Das ist unmöglich, wenn es unser verstandesmäßiges Fassungsvermögen übersteigt; können nicht etwa sagen: Eine höhere Geschwindigkeit als die der Größe «X» ist unmöglich, – sondern wir haben uns der Schöpfung gegenüber in einer ganz bestimmten Form der Geistigkeit zu nähern. Nur dann zeigt sie sich in ihrer Größe und vollen Pracht. Wer kleinlich denkt, dem zeigt sie sich auch nicht anders; wer mit statischen Vorstellungen an die Natur herangeht, dem zeigt sie sich tot und unlebendig. *«Der Kosmos ist wie ein Spiegel.»* (Alte Weisheit) Nur aus höchstem inneren geistigen Leben heraus offenbart sich die Schöpfung in ihrem Sinn.

Aus dem Zeitmaß für den Menschen, dem Regenbogen, können wir entnehmen, dass auf jedem Gestirn dem Wirken der Menschen eine bestimmte Zeit gesetzt ist. So können wir folgern, *dass viele der uns sichtbaren Gestirne bewohnt sind, andere aber noch nicht – oder nicht mehr.*

Wir haben einleitend angedeutet, dass sich aus dem geistigen Entwicklungsgang der Menschheit zwei dem Grunde nach verschiedene Strömungen nachweisen lassen. Die eine Strömung bemüht sich, Verlorengegangenes wiederzufinden, also die Verbindung mit der Natur, mit der Schöpfung wiederaufzunehmen, – während die andere Strömung ganz fraglos naturfeindlich ist, wenn die Vertreter dieser Richtung auch schwer auf eine derartige Einstellung festzunageln sind.

Die beiden geistigen Richtungen haben ihre Vertreter in ganz verschiedenen Lagern; und normalerweise müssten wir die Gegner der Natur unter den Rationalisten und Materialisten – vor allem unter den Naturwissenschaftlern – suchen, – diejenigen, die sich mühen, die Verbindung mit der Natur wiederzufinden, aber im Lager der Philosophen. (Natürlich sind hier nur Philosophen im echten Sinne, also im Sinne des Herakleitos, einbezogen.) dass sich tatsächlich diese normale Einstellung an der Oberfläche abzeichnet, zumindest aber eine Gegnerschaft, wird durch den Umstand gekennzeichnet, dass sich Naturwissenschaftler gern als «Aphilosophen» bezeichnen, wie es zum Beispiel der bekannte Physiker Boltzmann Ende vergangenen Jahrhunderts tat. Noch deutlicher wird der Physiker Pascual Jordan, der in seiner Schrift «Der gescheiterte Aufstand» zum Ausdruck bringt, dass die revolutionäre Wandlung in der modernen Physik gleichsam eine «antiphilosophische Revolution» bedeutet.

Zunächst wollen wir den Naturwissenschaftler Heisenberg hinsichtlich seiner Ansicht über Goethe korrigieren. Goethe war bei seiner Arbeit über die Farben keineswegs «Dichter», sondern, wie die gebrachten Zitate beweisen, – Philosoph! Dass er ein besserer Philosoph war als der größte Teil jener «akademischen Philosophen», die es sich zur Aufgabe machten, den Naturwissenschaftlern die Wege zu ebnen und die Philosophie durch intrikate Satzgefüge in die Sphären der Bedeutungslosigkeit zu steuern, kann nach unserer Einordnung der Phänomene der Erscheinungen als sicher gelten. Denn fraglos ist unser Weltbild – vom Phänomen «Licht» ausgehend – jene Aufgabenlösung, die Goethe mit seinen Äußerungen über den Wert der Urphänomene angedeutet hat. Nach Einordnung der Erscheinungen können wir den alten Streit, ob Goethes oder Newtons Art der Betrachtung über die Farben richtig war, entscheiden. – Goethes Art, den Dingen auf den Grund zu gehen, kommt über eine aufmerksamste, andächtige Versenkung zur Aussage, dass das Licht ein Urphänomen ist.

Wenn wir daran denken, dass und wie das Licht im Zuge einer

Zustandsänderung des Verstrahlungsfeldes aus dem Dunkel in das Blickfeld des Menschen gelangt, dann wird deutlich, dass Goethes Art der Betrachtung durchaus richtig war. Sein Ausgangspunkt ist das uns umflutende Tageslicht, das in seiner Fülle im Grunde keine Möglichkeit bietet, so betrachtet zu werden, wie es in seiner wissenschaftlichen engen Begrenzung Newton wollte. Allein in Goethes Art der Betrachtung besteht eine Möglichkeit, das Gestirn in einer großen Synthese als das zu sehen, was es als Träger vielfältigen Lebens selbst ist, – ein lebendiger Großorganismus. Erst in einer derartigen und von Goethe als erstrebenswert erachteten Synthese ist das Gestirn auf seinen göttlichen Ursprung zurückzuführen, erst hierbei besteht Gewähr, dass der uns umgebenden Fülle keine aus armselig verstandesmäßigem Denken geborene Beschränkung auferlegt wird.

Wir wollen noch einmal aus der Sicht eines Naturwissenschaftlers die sehr verschiedene Art der Betrachtung des Lichts und der Farben durch Newton und Goethe schildern lassen, nachdem wir wissen, dass der analytischen Methode der Naturwissenschaftler eine andere Zielrichtung zugrundeliegt als den Bemühungen um eine Synthese des Philosophen Goethe. –

Wir zitieren Heisenberg («Wandlungen in den Grundlagen der Naturwissenschaft»):

«Die einfachste Erscheinung der Newtonschen Theorie ist der engbegrenzte, einfarbige Lichtstrahl, der durch komplizierte Vorrichtungen von Licht anderer Farbe und anderer Richtung gereinigt ist. Der einfachste Begriff der Goetheschen Lehre ist das helle, um uns flutende Tageslicht. Jene, unserer Anschauung so entfernte Grunderscheinung der Newtonschen Lehre eröffnet nun der Messkunst und der Mathematik den Zugang zu den optischen Phänomenen. Die Ausbreitung und die Fortpflanzung des Lichtes lassen sich durch Messungen bestimmen und in mathematischer Form festlegen, und auch der Farbe kann eine Zahl – in unserer heutigen Bezeichnung eine Wellenlänge des Lichts – zugeordnet werden. Damit wird die Optik zu dem, was man gemeinhin exakte Wissenschaft nennt, und bewährt sich als eine solche, indem sie uns lehrt, die genauesten optischen Instrumente zu bauen, die uns Teile der Welt erschließen, die den Sinnen nicht unmittelbar zugänglich wären. Andererseits ist es verständlich, dass diese Lehre, die eine gewisse Herrschaft über die Lichterscheinungen ermöglicht und sie praktischen Zwecken dienstbar macht, doch an keiner Stelle dazu verhilft, die farbige Welt, die uns umgibt, lebendiger mit unseren Sinnen aufzunehmen. Aus diesem Vergleich wird deutlich, in welcher Weise die beiden Lehren, die Goethesche und die Newtonsche, aneinander Kritik üben mussten.»

«Der Ausgangspunkt der Newtonschen Lehre erscheint Goethe befremdlich und unnatürlich. Das Weiße, also das Licht in seiner reinsten Form, soll zum Zusammengesetzten abgewertet werden, und als Grundphänomen betrachten die Physiker ein durch Spalte, Linsen und Prismen mit den kompliziertesten Vorrichtungen hindurchgequältes Licht. Wir verstehen wohl, wenn Goethe seiner Enttäuschung mit den Worten Luft macht: ‹Ebenso macht sich der Physiker zum Herrn über die Erscheinungen, sammelt Erfahrungen, zimmert und schraubt künstliche Versuche zusammen ... nur begegnen wir der kühnen Behauptung, das sei nun auch noch Natur, wenigstens mit einem stillen Lächeln, einem leisen Kopfschütteln. Kommt es doch dem Architekten nicht in den Sinn, seine Paläste für Gebirgslager und Wälder auszugeben ...»»

«Ganz allgemein missbilligt er den Wunsch der Physiker, hinter der Welt der Erscheinungen zu ihren Ursachen vorzudringen.» –

Wenn Goethe sein Unbehagen bekundet angesichts der Bemühungen der Naturwissenschaftler, «mit Hebeln und mit Schrauben» die Ursache zu ergründen, so wissen wir heute – nach dem recht entlarvenden Wirken der «Sprengmeister» –, dass Goethes Gefühl für das Dämonische derartiger Bestrebungen allzeit wach war. Vergessen wir nicht, dass die Bemerkung im Faust:

«Es ist doch auch bemerkenswert zu achten,
Zu sehn, wie Teufel die Natur betrachten»

wie der ganze «Faust» dem Goetheschen Lebens- und Erfahrungsbereich entstammt, also dem eines naturverbundenen Spiritualisten, der sich sehr wesentlich von jenem eines Rationalisten unterscheidet.

Den Aphorismen zur «Farbenlehre» Goethes entnehmen wir folgende Aussage:

«Licht und Geist, jenes im Physischen, dieser im Sittlichen herrschend, sind die höchsten denkbaren unteilbaren Energien.»

Es ist immer wieder hervorzuheben, dass Goethe Philosoph war, und zwar ein Naturphilosoph im Sinne Schellings, Giordano

Brunos und Herakleitos.

Er selbst weist darauf hin, dass er sich der Gefährlichkeit der Beschäftigung mit den Farben durchaus bewusst war, und es ist zu unterstellen, dass er seine Gegner wohl durchschaute.

«Denn es hatte von jeher etwas Gefährliches, von der Farbe zu handeln, dergestalt, dass einer unserer Vorgänger gelegentlich gar zu äußern wagt: ‹Hält man dem Stier ein rotes Tuch vor, so wird er wütend, aber der Philosoph, wenn man nur überhaupt von Farbe spricht, fängt an zu rasen.›» («Farbenlehre»)

Es ist bereits erwähnt worden, dass der «akademische Philosoph» ein Wegbereiter der Naturwissenschaftler wurde (vor allem I. Kant). Aus tiefen Gründen ergab sich die Beobachtung Goethes, dass sich am «Licht» die Geister schieden, dass man bei diesem Phänomen der Schöpfung «Farbe zu bekennen» hatte. Wir überschauen heute mehr, als es Goethe in einer noch nicht klar genug ausgerichteten Zeit vermochte. Goethe schreibt in der Einleitung zur Farbenlehre:

«Blicken wir jedoch weiter herum, so wandelt uns eine Furcht an, dem Mathematiker zu missfallen. Durch eine sonderbare Verknüpfung von Umständen ist die Farbenlehre in das Reich, vor den Gerichtsstuhl des Mathematikers gezogen worden, wohin sie nicht gehört.»

Gewiss gehört die Farbenlehre nicht vor das Forum der Mathematiker, sondern vor das der Naturphilosophie, wobei hier eingeworfen sei, dass die Siebenzahl der Regenbogenfarben der

Schlüssel für eine völlig andersgeartete Rechnungsart ist als die abendländische Mathematik.

Die Aussage des Novalis in seinen «Fragmenten»:

«Im Morgenland ist die echte Mathematik zu Hause. In Europa ist sie zur bloßen Technik ausgeartet»

ist also von ähnlichem Gewicht wie die Aussage Goethes über die Urphänomene in der Farbenlehre.

Der Eingriff der Analytiker in die Materie, die Vorstellung der Mathematiker vom Weltall ist anarchisch. Diese Folgen der «entarteten Mathematik» hat Goethe gewiss nicht übersehen können, genauso wenig wie Novalis, obwohl die Aussage Goethes über den Verstand recht deutlich ist («Zur Geschichte der Farbenlehre»):

«Dagegen kann man dem Verstand gar keine Autorität zuschreiben; er bringt immer nur seinesgleichen hervor; so wie denn offenbar aller Verstandesunterricht zur Anarchie führt.»

Es liegt uns fern, mit diesen Ausführungen den Eindruck erwecken zu wollen, als wenn es darum ginge, etwa die Naturwissenschaftler mit ihren besonderen Weltvorstellungen zu widerlegen. Es wurde deutlich genug zum Ausdruck gebracht, dass beide so ganz verschiedene Geisteshaltungen mit den entsprechend verschiedenen Weltvorstellungen Ausdruck einer gewichtigeren Zielsetzung der verschiedenen Menschen sind. Kosmos und Chaos sind niemals aus der Welt zu schaffende Gegenpole, denen unter den Menschen entsprechende Aussagen gegenüberstehen.

Goethe hat – unter diesem Aspekt – zu seiner Zeit das ihm mögliche gesagt. Sein Bekenntnis zur Schöpfung, zum Kosmos und seinen Gesetzen, kommt nicht nur in seiner Bemerkung gegenüber Zelter zum Vorschein:

«Je älter ich werde, je mehr vertrau ich auf das Gesetz, wonach die Ros und Lilie blüht.»,

sondern auch in seiner Farbenlehre und den Bemerkungen höchst philosophischer Art über das Wesen der Urphänomene.

Den Aussagen Goethes über die Urphänomene können wir die Aussage des Interpreten der Newtonschen Lehre – Kant – gegenüberstellen:

«... es klingt zwar anfangs befremdlich, ist aber nichtsdestoweniger gewiss: Der Verstand schöpft seine Gesetze nicht aus der Natur, sondern er schreibt sie dieser vor.

... die oberste Gesetzgebung der Natur liegt in uns selbst, das heißt in unserem Verstande.»

Es sind recht entlarvende Sätze des Rationalisten Kant, der hier antipodenhaft dem Spiritualisten Goethe gegenübersteht. –

Bei unseren metaphysischen Untersuchungen ergaben sich über den Regenbogen Beziehungen zur Farbenlehre Goethes, bei unseren Arbeiten über die Rechnungsart der Schöpfung Beziehungen zu Novalis, hinsichtlich des umfassendsten Bereichs – der Philosophie – die besten Beziehungen zu Giordano Bruno. Wie sich gezeigt hat, war die Anziehungskraft als Wirkung des Verstrahlungsfeldes von größter Bedeutung. Das Feld also barg in sich die Möglichkeit der einfachsten Einordnung aller Phänomene der Erscheinungen. Das Raumenergiefeld aber ist identisch mit dem «Äther», mit dem die Physiker bis zu Einstein gedanklich arbeiteten, ohne den Faraday und Maxwell nicht zur Erklärung ihrer elektrischen und magnetischen Beobachtungen gekommen wären.[11]

Die Verlebendigung des Begriffs «Äther» danken wir dem Nolaner – Giordano Bruno (geboren 1548 nach christlicher Zeitrechnung zu Nola bei Neapel). In seiner Schrift «Vom Unendlichen, dem All und den Welten» schreibt er:

> «... Beweis, dass die Bewegung der unzähligen Welten nicht von einem äußeren Beweger ausgeht, sondern von ihren inneren Seelen, und wie bei alledem doch ein unendlicher Beweger anzunehmen ist.»

Diese Aussage wird erst ganz verständlich, wenn wir an unser Verstrahlungsfeld denken, und da es ein Unsichtbares ist, was nur bei bestimmten Zustandsänderungen in unser Blickfeld gerät, so können wir nur die von Giordano Bruno gewählte Ausdrucksform – «innere Seele» des Gestirns – übernehmen. Auch der Hinweis auf den «unendlichen Beweger», der sich mit dem Ausdruck «Weltwille» durchaus deckt, beweist, dass unserer Intuition eine sehr ähnliche bei Giordano Bruno zugrunde liegt.

An anderer Stelle der genannten Schrift heißt es:

> «Auch die Stoiker unterscheiden zwischen Welt und All. Welt ist ihnen alles, was gefüllt ist und aus festem Stoff besteht. Das All aber besteht ihnen nicht nur aus Welt, sondern auch aus dem Leeren, Inhaltlosen und dem Raume außerhalb der Welt, und darum sagen sie, die Welt sei endlich, das All un-

endlich. ... Wir aber nehmen überall nichts Leeres in dem Sinne an, das solches einfach Nichts wäre, sondern nur in dem Sinne, das Alles, was nicht Körper ist, der sinnlich wahrnehmbaren Widerstand leistet, aber doch Ausdehnung hat, Leere genannt werden kann; denn gemeinhin versteht man unter Körperlichkeit nur die Eigenschaft des Widerstandes (der Undurchdringlichkeit), daher es auch heißt, wie das nicht Fleisch sei, was nicht verwundbar sei, so auch das nicht Stoff, was keinen Widerstand leiste. In diesem Sinne sagen wir, gibt es ein Unendliches, d. h. eine unendliche Ätherregion, in welcher zahllose solche Körper sind, wie die Erde, der Mond und die Sonne, welche von uns Welten genannt werden, die selber zusammengesetzt sind aus Vollem und Leerem; denn dieser Geist, dieses luftförmige, dieser Äther befindet sich nicht nur um diese Körper, sondern durchdringt sie auch sämtlich und ist innerhalb jedes Dinges.»

Womit also erwiesen ist, dass der von den Naturwissenschaftlern bis zum Ende des vergangenen Jahrhunderts verwandte hypothetische Äther auf den Philosophen Giordano Bruno zurückgeht.

Wenn wir das nachstehende Zitat aus den «Fragmenten» des Novalis bringen, so denken wir an unsere Ausführungen über den Regenbogen als «kosmisches Zeit- und Mahnmal», denken wir aber auch an die Siebenzahl der Regenbogenfarben, der wir in einer Rechnungsart der Schöpfung, des Kosmos – im Gegensatz zur Rechnungsart des Chaos, der abendländischen Mathematik – die Bedeutung eines Schlüssels beilegten.

«Sollte das Licht nur das Zeichen eines neuen Bundes, der sichtbare Genius des Bundes überhaupt sein?»

Was die der Natur gegenüber innerlich aufgeschlossenen Seelen mit höchster Beachtung und Bewunderung erfüllt, erhält für die naturfeindlichen Geister etwas Quälendes!

Anlässlich einer Gedächtnisfeier für Albert Einstein rühmte der Nobelpreisträger Max von Laue die Einsteinsche Relativitätstheorie besonders deshalb, weil sie «uns von der quälenden Äthertheorie befreite»!

Der Michelson-Morley-Versuch und der Fehler Einsteins

Die volle Gegensätzlichkeit der Geister kommt in unserer Weltvorstellung im Vergleich zu der des Relativitätstheoretikers Albert Einstein zum Vorschein. Wir machten deutlich, dass die scheinbare «Flucht der Spiralnebel» – bzw. die Rotverschiebung – und die Radioaktivität bei verschiedenen Elementen Beweise für das Altern unseres Gestirns, für das Nachlassen der Intensität der Kernverstrahlung sind, Beweise für das überall zu beobachtende Werden und Vergehen in der Natur. Nach der Relativitätstheorie ist Einstein der Ansicht, dass die «Flucht der Spiralnebel» als ein Beweis für eine Ausdehnung des Weltalls gelten kann. Nach seinen Berechnungen würde sich das Weltall jeweils alle 1300 Millionen Jahre um das Doppelte ausdehnen.

Da innerhalb der modernen Physik die Einsteinsche Relativitätstheorie einen besonderen Rang einnimmt, werden wir im folgenden den berühmten Versuch des Physikers Michelson einer ausführlichen Betrachtung unterziehen, denn dieser Versuch bildete den Ausgang für die in der Relativitätstheorie enthaltenen Hypothesen. Die dem Versuch zugrundeliegende Ausgangshypothese vom «ruhenden Äther» besagte, dass die Erde und alle anderen Gestirne ihn durcheilen, ähnlich wie ein Fahrzeug auf der Oberfläche der Erde Luft oder Wasser zu durchdringen hat.

Von diesem Gedanken ausgehend konnte aus der Erfahrung gefolgert werden, dass ein geworfener Stein – etwa auf einem bewegten Wagen – in Fahrtrichtung eine Wurfgeschwindigkeit entwickelt, die sich aus zwei Komponenten zusammensetzt. Aus der Geschwindigkeit des Wagens selbst und der Wurfgeschwindigkeit des Steins. Entgegengesetzt der Fahrtrichtung geworfen, würde sich die Geschwindigkeit des Steins aus einer Subtraktion ermitteln lassen. – Nennt man die Geschwindigkeit des Fahrzeugs V und die des Wurfobjektes C, so würde bei dem in Fahrtrichtung geworfenen Stein das Ergebnis V + C, entgegengesetzt der Fahrtrichtung geworfen aber V – C sein.

Mit dem Versuch von Michelson (erster Versuch in der Sternwarte Potsdam-Babelsberg im Jahre 1881 christl. Ztrg. – zweiter Versuch größten Stils in Chicago im Jahre 1887) sollte die Geschwindigkeit der Erdbewegung durch Beobachtung eines in Richtung der Erdbewegung fallenden Lichtstrahls und eines dazu senkrecht verlaufenden bestimmt werden.

Ein in Richtung der Erdbewegung ausgehender Lichtstrahl wurde auf eine unter 45 Grad hiergegen geneigte planparallele Glasplatte gesandt und teilte sich hier in einen parallel zur Erdbewegung verlaufenden Lichtstrahl und einen hierzu senkrecht verlaufenden. Beide Lichtstrahlen wurden durch Reflexion an Spiegeln, deren Entfernung vom Trennungspunkt auf der Glasplatte gleich weit war, wieder zur Glasplatte zurückgeworfen und dann vereinigt in ein Beobachtungsfernrohr geschickt.

Nach der «elastischen Undulationstheorie» pflanzt sich das Licht durch Schwingungen des hypothetischen Äthers fort. Die Ätherteilchen schwingen senkrecht zur Strahlungsrichtung hin und her, so dass eine Wellenbewegung des Äthers zustandekommt. Die Stellung der Ätherteilchen gegen die Ruhelage ist Ausdruck der Schwingungsphase, und die Entfernung zweier Ätherteilchen, die gerade durch die Normallage hindurchgehen, ist die halbe Wellenlänge und abhängig von der Lichtart. Mehrere Wellenzüge der gleichen Lichtquelle setzen sich zusammen, d. h. sie interferieren. –

Bei dieser Versuchsanordnung erwartete man nun, dass die beiden Lichtstrahlen mit einer kleinen Phasendifferenz ihrer ursprünglich gleichartigen Schwingung im Fernrohr ankommen würden, da die zur Zurücklegung erforderliche Zeit der beiden senkrecht zueinander stehenden Wege nicht gleich groß ist. – Dies ergab sich aus folgenden Überlegungen:

Für die Erde wurde angenommen, dass sie sich während des Versuches mit der konstanten Geschwindigkeit V in der Richtung der gradlinigen Verlängerung des von der Lichtquelle durch die Glasplatte gehenden Lichtstrahls bewege. – Vom hypothetischen Lichtäther hingegen nahm man an, dass er ruhe und die Lichtgeschwindigkeit im «leeren Raum» – bezogen auf einen ruhenden Punkt – C betrage.

Der von dem mit Erdgeschwindigkeit bewegten Punkt ausgehende Lichtstrahl hat auf dem Wege zu dem in Bewegungsrichtung liegenden Spiegel die Geschwindigkeit C – V, auf den Durchgangspunkt der Glasplatte bezogen; auf dem Rückwege aber die Geschwindigkeit C + V, infolgedessen ist die Zeitdauer für Hin- und Rückweg des Lichtstrahls in Richtung der Erdbewegung (wobei R die Entfernung zwischen dem Durchgangspunkt des Lichtstrahls durch die Glasplatte und dem Spiegel bedeutet):

$$T = \frac{R}{C-V} + \frac{R}{C+V} = \frac{2RC}{C^2-V^2} = \frac{2R}{C\left(1-\dfrac{V^2}{C^2}\right)}$$

Bei dem zu diesem Lichtstrahl senkrecht abgelenkten setzen sich die Geschwindigkeiten C + V nach dem Parallelogramm der Geschwindigkeiten zusammen, wobei in der Gleichung A der durch die Erdgeschwindigkeit beeinflusste Weg von der Glasplatte zum Reflektor ist und B die in dieser Zeit infolge der Erdbewegung zurückgelegte Strecke des Durchgangspunktes der Glasplatte.

Dann ist $\quad \dfrac{B}{A} = \dfrac{V}{C} \quad$ und $\quad A^2 = R^2 + B^2 = R^2 + \dfrac{V^2 \cdot A^2}{C^2}$

also ist $\qquad A = \dfrac{R}{\sqrt{1 - \dfrac{V^2}{C^2}}}$

$$T_2 = \frac{2A}{C} = \frac{2R}{C\sqrt{1 - \dfrac{V^2}{C^2}}}$$

T_1 = Zeitdauer des in Richtung der Erdbewegung reflektierten Lichtstrahls, ist größer als T_2, da V/C (also Erdbahngeschwindigkeit 30 km/s durch Lichtgeschwindigkeit 300000 km/s) ein kleiner echter Bruch ist.

Wenn auch der Unterschied der Weglängen infolge der hohen Lichtgeschwindigkeit sehr klein ist, so hätte sich der kleine Phasenunterschied der Schwingungen beider Lichtstrahlen doch in einem Interferenzbild, bestehend aus hellen und dunklen Streifen, bemerkbar machen müssen. Das Michelson-Interferometer war so beschaffen, dass man den ganzen Apparat um seine vertikale Achse drehen konnte. Dabei mussten die Streifen im Gesichtsfeld des Beobachtungsfernrohrs naturgemäß wandern. Wurde der Apparat mit seinen Reflektoren bis zu 45 Grad gegen die Bewegungsrichtung der Erde gedreht, so mussten nach den obigen Überlegungen die beiden Weglängen, die das Licht zurückgelegt hatte, gleich sein; drehte man ihn bis zu 90 Grad, so wurde der erste Weg um denselben Betrag, um den er vorher länger wurde, jetzt kürzer als der zweite Weg. – Bei dieser Versuchsanordnung hätte sich das Verhältnis von V zu C oder – bei bekannter Lichtgeschwindigkeit – die Größe V (Erdgeschwindigkeit) bestimmen lassen müssen, da sich die Interferenzstreifen bei der Drehung des Apparats um 90 Grad entsprechend dem doppelten Unterschied verschieben.

Jedoch haben sich weder bei diesem Versuch noch bei dem im Jahre 1881 christl. Ztrg. am astrophysikalischen Observatorium in Potsdam von Michelson gemachten Versuch Verschiebungen der Streifen gezeigt. Infolgedessen galt als feststehend, dass die Erdbewegung auf optischem Wege nicht festgestellt werden kann. –

Dies war ein bemerkenswerter Widerspruch zwischen der Theorie und dem Experiment. Hierfür wurde von den Physikern Fitzgerald und Lorentz folgende Erklärung abgegeben: Sie behaupteten, dass der Teil der Apparatur jedesmal eine Verkürzung in Richtung der Erdbewegung erfährt, der dieser parallel gerichtet ist. – Begründet wurde es damit, dass die Molekularkräfte im Körper, beeinflusst durch die Bewegung, sich um einen der Verkürzung entsprechenden Betrag zusammenziehen. Zur vollen Erklärung der optischen Erscheinungen in bewegten Medien machte der Physiker Lorentz die weitere Hypothese, dass sich die Zeitrechnung von Ort zu Ort ändert. – Im Anschluss hieran gab im Jahre 1905 christl. Ztrg. Albert Einstein die Erklärung ab, dass es sich nicht um eine wirkliche Verkürzung der Körperlängen in der Bewegungsrichtung handle, sondern dass die Längenmessung im bewegten System eine prinzipiell andere sein müsse als im ruhenden. – Danach erscheint also eine bewegte Strecke vom ruhenden Standpunkt aus kürzer als vom bewegten. Darüber hinaus erklärte Einstein, dass auch die Zeiteinheit von dem System, in dem man misst, abhängig ist.

Aus dem Umstand, dass sich die Erdgeschwindigkeit aus dem Versuch von Michelson nicht ermitteln ließ, konnte man den Schluss ziehen, dass der sogenannte ruhende Standpunkt vor dem bewegten keine Bevorzugung habe, dass beide gleichwertig sind und infolgedessen wohl die Lichtgeschwindigkeit, niemals aber die Größe C + V oder C – V ermittelt werden kann. – Hieraus folgerte Einstein die allgemeinste Fassung seines Relativitätsprinzips: «Jedes allgemeine Naturgesetz lautet stets gleich, einerlei, ob man sich bei der mathematischen Beschreibung desselben eines ruhend gedachten oder eines bewegten Stands bedient.» Für die Gesetze der Mechanik hatte man schon seit langer Zeit das Relativitätsprinzip in der Form des Galileischen Trägheitsgesetzes, wonach ein von anderen Körpern hinreichend entfernter im Zustand der Ruhe oder der gradlinig-gleichförmigen Bewegung verharrt, sofern er nicht durch äußere Ursachen gezwungen wird, seinen Zustand zu ändern. – Nach Einstein kann dieses Gesetz nun in die Form gekleidet werden, dass die Gesetze der Mechanik gleich sind für jeden gleichförmig bewegten Standpunkt, bzw. für jedes gleichförmig und drehungsfrei bewegte Koordinatensystem (Bezugssystem). Man war bis dahin aber der Ansicht, dass ein solches allgemeines Relativitätsprinzip nicht für die Gesetze der Optik existiere. – Nach der Relativitätstheorie musste sich das Licht von jedem Standpunkt aus betrachtet um ihn nach allen Richtungen kugelförmig ausbreiten, ganz in Übereinstimmung mit dem Michelson-Versuch. Dagegen würde jedoch eine Verkürzung, nämlich die sogen. «Lorentz-Kontraktion», für ein relativ zur Sonne ruhendes Bezugssystem bemerkbar sein. Nach diesen Überlegungen kam Einstein zur Behauptung, dass die Lichtgeschwindigkeit eine absolute Konstante ist. (Die Darstellung des Michelson-Versuchs erfolgte nach den Angaben Prof. Dr. A. Schwassmanns in der Schrift «Relativitätstheorie und Astronomie» – Hamburg 1921.)

Begründung für die Beseitigung der «quälenden Äthertheorie»:

«Nun war aber doch C eigentlich die Grundkonstante des elektromagnetischen Feldes, nämlich die Fortpflanzungsgeschwindigkeit aller elektromagnetischen Feldänderungen im sogenannten leeren Raum. Während dieser letztere in der gewohnten Auffassung wirklich vollkommen leer, also auch gänzlich qualitätslos ist, hat er tatsächlich in der Elektrodynamik diese charakteristische Eigenschaft C (auch längst vor der Relativitätstheorie bei Maxwell selbst) schon gehabt. Eben darum glaubten ja die älteren Autoren ihn mit der ‹Substanz›, dem ‹Äther› ausgefüllt denken zu müssen, denn diesem glaubte man freilich eine derartige charakteristische Konstante wohl zuschreiben zu können, während man sich innerlich dagegen wehrte, solche dem leeren Raum an sich zuzuerkennen. Sobald man sich dies klarmacht, sieht man ein, dass demnach die Relativitätstheorie darauf hinausläuft, diesen Dualismus zwischen ‹leerem Raum› und ‹Äther› als überflüssig zu erklären: Warum soll – so fragt sie –, wenn doch schon im ‹leeren Raum› sich die elektromagnetischen Störungen mit dieser Geschwindigkeit C fortpflanzen, diese Eigenschaft noch extra einem den Raum ausfüllenden, aber doch wieder hartnäckig sich jeder Erfassung durch die Physik entziehenden Stoff ‹Äther› zugeschrieben werden? Genügt es nicht, sie halt dem Raum-Zeit-Schema an sich zuzuerkennen? Mit anderen Worten: Die Relativitätstheorie macht aus C statt einer physikalischen eine kinematische (raumzeitliche) Grundkonstante, da sie es doch schon einmal für den leeren Raum als elektromagnetisches Feldmedium war.» (B. Bavink: «Ergebnisse und Probleme der Naturwissenschaften»)

Unsere Darlegungen haben gezeigt, dass dem Michelson-Versuch eine falsche Voraussetzung – eine irrige Hypothese – zugrunde lag, nämlich die Hypothese vom «ruhenden Äther», durch den hindurch sich unsere Erde und alle Gestirne bewegen sollten. Die Wahrheit ist, dass die Erde aus ihrem Kernzerfall jenes Absolute bildet und mit sich führt, in dem sich nun alle Vorgänge des Lichts und des Elektromagnetismus abspielen. So wie wir selbst dank dieser Kernverstrahlung das Gefühl der Ruhe und der Stetigkeit haben, so ist jede Versuchsanordnung der vorerwähnten Art überflüssig, kann nie ein anderes Ergebnis zeitigen.[12]

An diesem Fall können wir deutlich die spekulative Art des Denkens der Abendländer studieren. Hypothesen der Naturwissenschaftler wie Begriffe der Sophisten sind fern aller Wirklichkeit, und so hat sich der Abendländer abstrakt-spekulativ ein Weltbild geschaffen, das in seiner unlebendigen Art für geistige Phänomene keinen Platz hat.

Die Gewaltsamkeit des Vorgangs der Spekulation offenbart sich in den hypothetischen Vorstellungen aller Physiker, vor allem aber der Physiker Lorentz und Einstein. – Der eine ist bereit, unsere Erde und alle Weltkörper gedanklich zu Badeseifen zu deformieren, der andere Physiker der unechten Relativität behauptet kühn, dass das Licht das Absolute sei. Bei einem Manne, der überall das «Relative» betont, erscheint dieser Vorgang besonders seltsam, zumal durchaus verschiedene Lichtmessungen vorlagen und keine dieser Messungen mit der andern übereinstimmte.

Nach unseren Ausführungen ergeben sich diese Differenzen der Lichtmessungen aus verschiedenen Zustandsformen des Energiefeldes, denn die Messungen wurden sowohl zu verschiedenen Zeiten, also bei verschiedenem Sonnenstand, als auch auf verschiedenen Breitengraden vorgenommen. –

Wir haben im Rahmen einer Abgrenzung noch etwas hervorzuheben, was die Naturwissenschaftler in ihre Bereiche zurückweisen soll. So sagen die Materialisten und Rationalisten, dass es kein Jenseits gebe. Obwohl wir uns von allen in Theologien wuchernden mystisch-spekulativen Jenseitsvorstellungen distanzieren müssen, kann doch auf Grund der vorangegangenen Darlegungen gefolgert werden, dass es ein «Inseits» gibt; denn das unsichtbare Feld ist fraglos – wie Giordano Bruno sagte – die Seele des Gestirns.

Ähnlich dieser Seele gehören zum menschlichen Körper, zum tierischen und pflanzlichen, ja auch zum mineralischen, seelische Gestaltungskräfte, die gleichfalls – ähnlich dem Verstrahlungsfeld der Erde bzw. der Gestirne – von gewichtigerer und haltbarerer Substanz sind als das in die Welt der Erscheinungen hineinragende Körperliche. Das Körperliche ist – verglichen mit dem Seelischen – Schaum! –

Aus dem polemischen Teil der «Farbenlehre» Goethes übernehmen wir folgende Ausführungen, weil sie uns durchaus auch für die heutige Zeit zutreffend erscheinen:

«Gegen das Papsttum der einseitigen Naturlehren, welches sich anmaßt, durch Zeichen und Zahlen den Irrtum in Wahrheit zu verwandeln, habe ich meine Thesen schon vor vielen Jahren angeschlagen. Aber die knüffliche Behendigkeit dieses Pfaffengeschlechts hatte eine allgemeine Wirkung meines Unternehmens zu hindern gewusst.

... so sehen wir die Naturforscher in manchen Fächern fremde veraltete Irrtümer hegen und pflegen; wir bemerken ohne großen Scharfsinn, wie sie neu sich bildende Grillen mit Freuden aufnehmen, durch Übersetzen, Ausziehen, Ausposaunen und Verbreiten überall Aufmerksamkeit zu erregen und die geistigen Räume mit Phantomen zu füllen trachten.»

Anhang

«Wir haben keinen Engel, der uns die Wahrheit ins Ohr sagt.»

Ein Gespräch mit Werner Heisenberg
über Erkenntnisfragen der theoretischen Physik,
die Goethe-Newton-Kontroverse
und die Feldlehre von Helmut Friedrich Krause
(am 31. Juli 1974)

aufgezeichnet von Jochen Kirchhoff

Im Jahre 1969 erschien Werner Heisenbergs Buch «Der Teil und das Ganze»; wie der Untertitel andeutet, handelt es sich um «Gespräche im Umkreis der Atomphysik». Galileis «Dialogo» und die «Discorsi» mögen die Eigenart dieses Gesprächsbuches beeinflusst haben. Weizsäcker weist auf Zusammenhänge mit den platonischen Dialogen hin. Galileis «Dialogo» von 1632 ist unverkennbar beeinflusst von Brunos «Aschermittwochsmahl» von 1584; das gilt nicht nur für die naturphilosophische Auseinandersetzung um die Bewegung der Erde, sondern auch für die literarische Form. Es sei hier lediglich an die Figur des Aristotelikers Simplicius erinnert, der Brunoschen Dialogfiguren nachempfunden zu sein scheint.

Ich erlaube mir, die nachstehende Wiedergabe eines Gesprächs mit Werner Heisenberg am 31.7.1974 (in Oberbozen, Südtirol) als Ergänzung des Heisenbergschen Gesprächsbuches vorzulegen.

Stehen nach den obigen Bemerkungen die «Gespräche im Umkreis der Atomphysik», über die Vermittlung von Galilei, in einem gewissen Zusammenhang mit den Brunoschen Dialogen (wenn auch dieser Zusammenhang nur schwer greifbar und verifizierbar sein dürfte), so lag gleichsam die Versuchung nahe, die Wiedergabe meines Gesprächs mit Heisenberg im Sinne eines Brunoschen Dialogs zu stilisieren. Ich möchte mich jedoch auf einige zentrale Aspekte der naturphilosophischen Auseinandersetzung beschränken und Gesprächsäußerungen (entgegen dem von Heisenberg angewandten Verfahren) nur dann in Form der direkten Rede darstellen, wenn ich den präzisen Wortlaut der betreffenden Aussage wiederzugeben vermag. Ansonsten sei die indirekte Wiedergabeform verwendet.

Ich war am 29.7.1974 in Oberbozen eingetroffen, hatte Quartier im Parkhotel Holzner genommen und Werner Heisenberg am Abend zu Gesicht bekommen. Die Kontaktaufnahme mit Heisenberg war in keiner Weise geplant, und ich hatte in früheren Jahren niemals den Gedanken gehegt, dem Begründer der Quantenmechanik, etwa mittels eines Briefes, nahezutreten. So könnte das Zusammentreffen – vordergründig – als Zufall gewertet werden.

Am nächsten Tag ließ ich Heisenberg über die Hotelrezeption einen Brief überreichen, in dem ich um eine Unterredung bat. Ich stellte mich als Philosoph vor, der an einem Werk über das Verhältnis von Naturwissenschaft und Naturphilosophie arbeite. Weiter heißt es in meinem Brief: «Da ich am 2. 8. wieder abreisen muss, würde ich ein kurzes Gespräch mit Ihnen dankbar begrüßen, entweder heute Abend oder im Laufe des morgigen Tages. Folgende Themen möchte ich gerne ansprechen:

1. Allgemeine Feldtheorie (einschließlich Gravitationstheorie), d. h. das Problem der Einheit der Grundkräfte der Natur
2. Michelson-Morley-Versuch und seine Interpretationsmöglichkeiten
3. Goethe als Naturphilosoph in seiner Gegnerschaft zu Newton (Farbenlehre)
4. Moderne naturphilosophische Ansätze in Richtung auf Wiedergewinnung der Orientierung innerhalb des naturwissenschaftlichen Denkens, deren Verlust z. B. Weizsäcker ‹Zum Weltbild der Physik› vor ca. 30 Jahren beklagte ...»

Heisenberg übermittelte mir daraufhin ein kurzes Schreiben über die Rezeption; er schlug ein Gespräch am Abend des 31. Juli in der Hotelhalle vor, bat mich aber um Verständnis, dass das Gespräch nur kurz sein könne, da er sich in den Ferien von der Wissenschaft fernhalten wolle. Dem Gespräch wohnte ein Sohn Heisenbergs bei (der Physiker Jochen Heisenberg, geb. 1939), der sich jedoch nicht daran beteiligte.

Eröffnet wurde die Unterredung mit der Frage Heisenbergs: «Kommen Sie von der Physik oder von der Philosophie her?» Ich entgegnete: «Ich bin Philosoph, habe mich aber sehr eingehend mit den Naturwissenschaften beschäftigt. Man kann heute nicht Philosophie betreiben, ohne die Naturwissenschaften einzubeziehen.»

Die «Partie» im eigentlichen Sinne begann mit meinem Hinweis auf den Verlust der Einheit in der modernen Naturwissenschaft: «Was mich fasziniert, ist der Gedanke der Einheit.» Diese Einheit sei jedoch zunehmend verlorengegangen. Ich knüpfte an eine Aussage Weizsäckers in seinem Buch «Zum Weltbild der Physik» an, die ich sinngemäß zitierte. Weizsäcker schreibt hier: «Unser Geist aber sucht die Einheit. Auch ihre Aufgabe dem Leben gegenüber kann die Wissenschaft nicht erfüllen, wenn sie die Orientierung im eigenen Gebiet verliert.»

Heisenberg hob zunächst hervor, dass Weizsäcker während der gemeinsamen Internierung in Farmhall (England) an dem zitierten Werk gearbeitet habe. In Parenthese sei hier vermerkt, dass die Erstauflage des Buches bereits 1943 herauskam; vielleicht bezog sich die Bemerkung Heisenbergs auf eine Überarbeitung oder Erweiterung. Dann verwies er auf die Erkenntnisse der modernen Chemie; hier sei doch unter Beweis gestellt worden, dass die Naturwissenschaft diese Einheit gerade nicht verloren habe. dass Heisenberg gerade die Chemie hervorhob, mag seltsam anmuten, wird aber verständlich, wenn man die immense Rolle der Atomphysik und insbesondere der Quantenvorstellung in der Theorie der Elemente bedenkt.

Ich bestritt dies: Weder Physik noch Chemie hätten die Einheit realisiert. Um den Bogen der naturphilosophischen Problematik etwas weiter zu spannen, griff ich zunächst auf die klassische Physik zurück. Ich hob das Versagen der Newtonschen Mechanik hervor, die Gestirnbewegungen exakt darzustellen; die Periheldrehung des Planeten Merkur z. B. habe gezeigt, dass die klassische Mechanik zu revidieren sei. Einstein habe in diesem Zusammenhang vom «Zusammenbruch der klassischen Mechanik» gesprochen.

Heisenberg: «Einstein hatte einen Hang zu dramatischen Formulierungen.» Die neuzeitliche Physik seit Kepler sei «tausendfach» in ihrer Richtigkeit unter Beweis gestellt worden. Heisenberg hob ausdrücklich das Newtonsche Gravitationsgesetz und dessen Anwendungsbreite hervor. Ganz eindeutig zielten die Bemerkungen Heisenbergs darauf ab, den «Absolutheitsanspruch» der Newtonschen Physik (im Sinne der «abgeschlossenen Theorien») herauszustellen. Er bestritt, dass die allgemeine Relativitätstheorie diesen Absolutheitsanspruch revidiert habe. Heisenberg betonte im Übrigen, dass er mir gegenüber bewusst positivistisch argumentiere, obwohl er an sich gegen den Positivismus eingestellt sei.

Ich griff die «dramatische» Einstein-Formulierung auf und gab ihr eine verschärfte Stoßrichtung. Ich bestritt die kosmische Gültigkeit der klassischen Mechanik überhaupt, wies das Gravitationsgesetz als Fiktion zurück und formulierte Zweifel an der kosmischen Gültigkeit des Newtonschen Massebegriffs.

Zum damaligen Zeitpunkt war ich mir über die Zirkelhaftigkeit der Newtonschen Massevorstellung noch nicht in vollem Umfang bewusst; so wies meine Argumentation einige Lücken und Ungenauigkeiten auf. Diese wurden von Heisenberg kritisiert; er warf mir vor, die Diskussion durch eine gänzlich andere Sinngebung des Wortes «Masse» zu erschweren. Um nicht im rein Begrifflichen zu verharren, was auch Heisenberg als unfruchtbar empfand, gab ich eine kurze Darstellung, wie nach meinem Verständnis der Mechanismus des Sonnensystems in der Newtonschen Himmelsmechanik erklärt wird. Einmal wollte ich verdeutlichen, dass ich das von mir Bezweifelte und Abgelehnte durchaus verstehe, und zum andern wollte ich dies als Ausgangspunkt für die Darlegung der Krauseschen Kosmologie nehmen. Meiner Skizzierung der Newtonschen Himmelsmechanik stimmte Heisenberg zu. Dann kam ich auf Krauses «Der Baustoff der Welt» zu sprechen, wobei ich das Pseudonym Simon Kraus verwendete, dessen sich Krause in der Erstveröffentlichung von 1970 bediente. Ich erläuterte die naturphilosophische Grundkonzeption der Raumenergieverstrahlung der Gestirne aus dem Materiezerfall und ihre wichtigsten physikalischen Folgen: die Nichtanwendbarkeit des Masse- und Trägheitsbegriffs auf das Gestirnganze, die Ergebnislosigkeit des Michelson-Morley-Versuchs, die Entstehung des kosmischen Lichts usw.

Werner Heisenberg schien konzentriert zuzuhören. Er unterbrach mich nicht und brachte auch keinerlei Einwände oder Gegenargumente. Nachdem ich meinen Überblick beendet hatte, bat er mich, die Eigenschaften des Raumenergiefeldes näher zu erläutern.

Ich hob nur einige Punkte hervor, so den Charakter des Feldes als Führungsfeld, was sich in der Lichtablenkung im Schwerefeld zeige, auch die Durchdringungsfähigkeit und den Zusammenhang mit der Gravitationswirkung. U. a. sagte ich: «Die Interferenzstreifen beim Michelson-Morley-Versuch konnten sich nicht zeigen, weil das Schwerefeld selbst im Letzten identisch ist mit dem Äther!» Diese und andere Formulierungen bezeichnete Heisenberg als «unpräzise»; er vertrat einschränkungslos die Position der speziellen Relativitätstheorie Einsteins, wies auf die hier vollzogene Veränderung der Raum- und Zeitvorstellung hin, die ein besonderes «Verdienst» Einsteins sei. Im Zuge der weiteren Diskussion forderte mich Heisenberg auf, die Grundkonzeption der Feldlehre Krauses noch einmal darzulegen. Ich tat dies, und wieder nahm Heisenberg meine Äußerungen zunächst kommentarlos hin. Nur einmal meinte er, die Art der Entstehung des kosmischen Lichtes durch das Gegeneinanderwirken der Raumenergiefelder sei «dichterisch». Die damit angedeutete Wertung liegt auf der Hand.

Es erscheint bedeutsam, dass Heisenberg es mir gegenüber ausdrücklich ablehnte, zum «Baustoff der Welt» öffentlich (also etwa in Form eines Zeitschriftenartikels) Stellung zu nehmen.

Zwei Äußerungen Heisenbergs scheinen mir besonders interessant. Im Zusammenhang mit dem Problem der Lichtablenkung im Schwerefeld und unter ausdrücklicher Berufung auf die Einsteinsche Theorie von der «Raumkrümmung» wies er die Krauseschen Gedanken zur Lichtentstehung und Strahlenkrümmung im Energiefeld zurück: «Das mag für Sie Erklärungswert haben, für mich jedoch nicht.» Und an einer anderen Stelle des Gesprächs sagte er: «Nennen Sie mir ein Experiment, dessen Ergebnis mit der Hypothese von Kraus genauer vorausgesagt werden kann als mit der herkömmlichen Physik!»

Es leuchtet ein, dass es durchaus nicht einfach war, hier gleichsam aus dem Stegreif eine befriedigende Aussage zu machen. Es hätte sich angeboten, zunächst die Prämisse einer kritischen Betrachtung zu unterziehen. Dies tat ich nicht, vielmehr war ich in meiner Beweisführung bemüht, auf die verschiedenen Anziehungswirkungen auf der Erdoberfläche in verschiedenen Breitengraden einzugehen. Heisenberg sagte: «Dies hängt mit Masseverschiedenheiten im Erdkern zusammen.» Die verschiedene Gravitationswirkung während des Tages und der Nacht bestritt er. Ihm sei kein Experiment bekannt, welches dies jemals bewiesen habe. Ich führte das von dem Astronomen und Einstein-Kritiker Wilhelm Walte 1921 herausgestellte Experiment an, welches von einem Vergleich der «Jupitermonduhr» mit einer irdischen Uhr ausgeht. Dies bezieht sich auf die Umlaufzeit des Jupitermondes Io (42 ½ Stunden), den einst Galilei entdeckte. Nach Einstein muss die «Jupitermonduhr» ständig nachgehen im Vergleich zu einer irdischen Uhr mit einem Zeigerumlauf von 42 ½ Stunden. Walte: «In Wirklichkeit gewinnt sie bald Zeit, bald verliert sie solche während eines Umlaufes, und zwar bis zu 15 Sekunden in regelmäßiger Zu- und Abnahme. Folglich steht Einsteins Schluss aus seinen Formeln mit der Beobachtung in Widerspruch.» (Aus der Schrift «Einstein, Michelson, Newton», Hamburg 1921, S. 14/15) Ich deutete Heisenberg gegenüber an, dass die von Walte angesprochenen 15 Sekunden in regelmäßiger Zu- und Abnahme mit den jeweils gewandelten Zustandsformen des Erdfeldes und damit mit den unterschiedlichen Schwereverhältnissen zwischen Tag und Nacht zusammenhingen. Heisenberg meinte, er könne sich hierzu nicht äußern, das Experiment sei ihm unbekannt.

Unser Gespräch weitete sich zunehmend auf erkenntnistheoretische Grundsatzfragen aus, auch im Zusammenhang mit der Kontroverse Goethe – Newton. Heisenberg lehnte es ausdrücklich ab, sich auf ein grundsätzliches «Ignorabimus» (Wir werden es niemals wissen) hinsichtlich der «Wahrheit» festlegen zu lassen. In diese Richtung weisende und von mir zitierte Aussagen

Plancks, Einsteins u. a. wurden von ihm erheblich relativiert. Auch mein Hinweis auf die von ihm selbst stammende Unbestimmtheitsrelation war nicht geeignet, hier eine Änderung herbeizuführen. Heisenberg betonte, die moderne Physik habe zwar «die ganze Wahrheit» nicht, sei aber prinzipiell in der Lage, eine bestimmte Schicht der Wahrheit zu erfassen, sich stufenweise der objektiven Realität anzunähern. Dann sagte er: «Auch Goethe hatte die ganze Wahrheit nicht.» Im Übrigen habe Goethe etwas ganz anderes gewollt als die Physik, dies erkläre seine Gegnerschaft zu Newton.

Gleichsam als Rechtfertigung der naturwissenschaftlichen Vorgehensweise sagte Heisenberg: «Wir haben keinen Engel, der uns die Wahrheit ins Ohr sagt.» Darauf entgegnete ich: «Wenn Ihnen ein derartiger Engel die Wahrheit ins Ohr sagen würde, würden Sie ihn nicht verstehen, weil die Ihnen zu Gebote stehenden Kategorien dies verhindern!» Heisenberg: «Vielleicht.»

Ich spielte den Goetheschen Begriff des «Urphänomens» gegen die analytische Vorgehensweise der abstrakten Naturwissenschaft aus, wies auf den Zusammenhang hin, der zwischen dieser und der Atombombe bestehe. Wenn Goethe die Entwicklung zur Atombombe hätte voraussehen können, hätte er seinen Hinweis auf den teuflischen Ursprung der Newtonschen Physik noch stärker hervorgehoben.

Dem stimmte Heisenberg zu. Überhaupt brachte er zum Ausdruck, dass er die Goethesche Kritik an Newton durchaus verstehe. Im Gegensatz zu den meisten Zeitgenossen halte er die Kontroverse Goethe – Newton keineswegs für «erledigt» oder überwunden. «Sonst hätte ich nicht darüber geschrieben.» Und er betonte die Bedeutung der Goetheschen Naturbetrachtung für die Naturwissenschaft der Zukunft. In diesem Zusammenhang warf er die Frage auf, was Goethe von der modernen Biochemie gedacht haben würde. «Leider können wir ihn nicht mehr fragen.» Die von Heisenberg hergestellte Verbindung zwischen der Nukleinsäure DNS und dem Goetheschen Urphänomen ist mir unnachvollziehbar geblieben. Mir scheint dies auf einem Missverständnis zu beruhen.

Einmal sagte Heisenberg: «Sie wollen etwas ganz anderes als die Physiker!» Darauf erwiderte ich: «Das ist richtig. Aber können Sie mir einmal in einem Satz sagen, was Sie selbst eigentlich wollen?» Heisenberg zögerte einen Augenblick, dann sagte er: «Ich will die Natur verstehen und die Zusammenhänge in ihr, und zwar so genau, dass Voraussagen möglich sind.» (Der hier hervorgehobene Zusammenhang von «Verstehen» und «Voraussagen» ist meiner Überzeugung nach erkenntnistheoretisch unhaltbar.

Auch die Fiktionen des Ptolemäus ermöglichten präzise Voraussagen. Auch auf Giordano Bruno führte das Gespräch, ohne dass ich im Einzelnen anzugeben vermag, wie dies zustande kam. Meine Hinweise auf die naturphilosophischen Erkenntnisse Brunos schienen Heisenberg wenig zu beeindrucken, er bezeichnete die Geisteshaltung Brunos als «religiös»!

Am Ende des Gesprächs, welches von 19:00 bis 19:50 Uhr dauerte, wies ich noch einmal auf den «Baustoff der Welt» hin, nannte Verlag und Erscheinungsjahr.

(Die Erstveröffentlichung des «Baustoffs» erfolgte im Ner Tamid Verlag – Erlangen 1970 –, und zwar unter dem Pseudonym Simon Kraus.)

Heisenberg verließ Oberbozen am Vormittag des 1. August. Am Morgen dieses Tages sah ich ihn zum letzten Mal. Ende August übersandte ich ihm «Der Baustoff der Welt» mit einem ausführlichen Begleitschreiben, an dessen Ende ich ihn zu einer öffentlichen Stellungnahme aufforderte, ungeachtet seines Hinweises, dass er gerade diese nicht abgeben wollte.

In das Exemplar hatte ich hineingeschrieben: «Herrn Prof. Werner Heisenberg in Anknüpfung an das Gespräch in Oberbozen vom 31.7.74: Erst die Aufdeckung des wahren Absoluten führt zur gesuchten ‹einheitlichen Feldtheorie› sowie zur Erkenntnis der echten, d. h. *der totalen Relativität* der Erscheinungen bzw. aller physikalischen Vorgänge einschließlich des Lichts.»

In seinem Antwortbrief an mich (datiert vom 4. Sept. 1974) schreibt Heisenberg, «natürlich» stehe in der Schrift «Der Baustoff der Welt» vieles Richtige, doch «im Ganzen» habe er das Gefühl», dass «Herr Kraus die Schwierigkeiten bei den von ihm behandelten Fragen» unterschätzt hätte.

Am 30. Jahrestag des Atombombenabwurfs über Hiroshima, also am 6. August 1975, schrieb ich Heisenberg einen zweiten Brief, auf den keine Antwort mehr erfolgte. – Werner Heisenberg starb am 1. Februar 1976.

Die hier abgedruckte Darstellung des Gespräches erfolgte im Mai 1980, und zwar auf der Grundlage eines Gedächtnisprotokolls, das noch im August 1974 angefertigt wurde. Erst jetzt halte ich die Veröffentlichung dieser Aufzeichnungen für geboten.

Berlin, im August 1990

Anmerkungen der Herausgeber

1 (S. 36)

Zum Wort «Spiritualismus»

Helmut Krause verwendet das Wort Spiritualismus in einem anderen als dem allgemein üblichen Sinn. Das englische Wort «spiritualism» wird im angelsächsischen Sprachgebrauch häufig als Kennzeichnung für Spiritismus benutzt. In der philosophischen Tradition meint Spiritualismus soviel wie Idealismus im Sinne der Philosophie eines Leibniz, Kant oder Hegel. Eine dritte Wortbedeutung bezieht sich auf eine religiöse Grundhaltung. Im allgemeinsten Sinne meint Spiritualismus eine Geisteshaltung, die davon ausgeht, dass alles Wirkliche eine Erscheinungsweise oder ein Produkt des Geistes ist. Was H. Krause als «naturverbundenen Spiritualismus» bezeichnet, hat mit Spiritismus gar nichts und mit einer religiösen Grundhaltung oder einem erkenntnistheoretischen Idealismus herkömmlicher Prägung nur sehr wenig zu tun.

2 (S. 56)

Zur Radialität der Gravitationsfelder der Gestirne

Es ist aufschlussreich, die von H. Krause gegebene Darstellung der Radialität des Kernverstrahlungsfeldes als der Ursache der Gravitation den Hypothesen und Fiktionen der theoretischen Physiker zur Radialität der Gravitationsfelder gegenüberzustellen. Der Philosoph Jochen Kirchhoff, der in der Monographienreihe im Rowohlt Taschenbuchverlag die Bände über Kopernikus, Schelling und Giordano Bruno geschrieben hat, in denen er sich immer wieder mit der Naturphilosophie Helmut Krauses auseinandersetzt, schreibt (Bruno-Monographie, edition dionysos 2025, S. 159): «Gravitation ist für Helmut Krause die Wirkung des Materialzerfalls im Gestirnkern; die auf der Gestirnoberfläche und im weiteren kosmischen Umkreis nachweisbare Radialität der Schwerewirkungen wird überraschend in Richtung Gestirnmittelpunkt ‹weitergedacht›. Daraus folgt eine Zunahme der Druckbelastungen der Materie mit Annäherung an den Erdkern, welche der radialen Form des Schwerefeldes entspricht.» Dieses «Weiterdenken in Richtung Gestirnmittelpunkt» wird von Newton und seinen Nachfolgern gerade nicht vollzogen! Für die Physiker ist das Gravitationsfeld der Erde – und jedes andern Gestirns – nur von der Gestirnoberfläche im weiteren Sinn an wirklich radialsymmetrisch; die Abnahme der Schwerewirkungen mit dem Quadrat der Entfernung – bzw. die entsprechende Zunahme mit dem Quadrat der Annäherung – gilt der herrschenden Überzeugung nach nur nach außen, also von der Erdoberfläche in den Kosmos hinaus, nicht aber nach innen, in die Tiefenschichten des Gestirns hinein. Das folgt aus der Massenanziehungsfiktion Newtons.

Newton war zunächst der Frage nachgegangen, wie groß die Radialbeschleunigung des Mondes, also seine Fallbeschleunigung Richtung Erdmittelpunkt, sein müsste, wenn man annimmt, dass sich der Erdtrabant wie ein beliebiger anderer, der Schwere unterworfener Körper auf der Erdoberfläche verhält. Newton erkannte völlig zu Recht, dass die Werte für die Fallbeschleunigung auf der Erdoberfläche und diejenigen für einen beliebigen Körper in Mondentfernung sich umgekehrt verhalten wie die Quadrate von R (Entfernung Erde – Mond) und r (Erdradius). (Falsch daran ist nach Krause nur, dass der Mond wie ein beliebiger träger und schwerer Körper betrachtet wird, worin ja gerade die «Pointe» des Newtonschen Gedankengangs liegt: die so gefeierte Vereinheitlichung von irdischer und himmlischer Mechanik.) Das bedeutet, dass die Erde einem in ihrem Wirkungsfeld befindlichen Körper (nach Krause: nur einem solchen ohne eigenes Verstrahlungsfeld) eine Beschleunigung erteilt, die umgekehrt proportional zum Quadrat des Abstandes ist, den der Körper vom Erdmittelpunkt hat. Daraus kann unwiderlegbar abgeleitet werden, dass die Feldlinien des irdischen Gravitationsfeldes gerade Linien sind, *die radial auf den Erdmittelpunkt* gerichtet sind. Wenig bekannt ist, dass Giordano Bruno bereits ein Jahrhundert vor Newtons epochemachender Schrift von 1687 zu dieser Erkenntnis gelangt ist, wie Kirchhoff in seiner Bruno-Monographie gezeigt hat. Die entsprechende Aussage Brunos findet sich in der Schrift «Vom Unendlichen, dem All und den Welten» von 1584. Allerdings vermeidet Bruno – in der ihm eigenen lebendigen Ganzheitssicht – jene abstrakten und mechanistischen Schlussfolgerungen, wie sie seit Newton die herrschende Physik bestimmen.

Newton stellt die Behauptung auf, dass die Masse des Erdganzen (er versteht unter «Masse» stets «Materiemenge», das Produkt aus Dichte und Volumen) die Gravitationswirkungen verursache, also die Summe der in der Erde zusammengeballten materiellen Teilchen, die sich alle untereinander auch wieder ungehindert anziehen sollen. So setzt er sich an keiner Stelle seiner Schrift mit der – an sich naheliegenden – Frage auseinander, ob die Schwere oder Fallbeschleunigung, wenn sie schon mit dem Quadrat der Entfernung vom Erdmittelpunkt abnimmt (soweit dies zunächst aus den Erfahrungen auf der Erdoberfläche abgeleitet werden kann), nicht auch von der Erdoberfläche Richtung Erdmittelpunkt entsprechend der radialen Feldbeschaffenheit *zunehmen* könne. Natürlich ist dies mit der Massenanziehungsfiktion unvereinbar, also mit der unterstellten Gravitationswechselwirkung *aller* materiellen Teilchen. Das mechanistische Denken Newtons und seiner Nachfolger postuliert eine *Abnahme* der Gravitationswirkungen Richtung Erdmitte, die schließlich im Gestirnmittelpunkt den Nullwert erreichen sollen.

Die durch das radiale Raumenergiefeld bewirkte Zunahme der Gravitation mit Annäherung an den Gestirnkern bedeutet ja, dass die Schwere- und Druckwirkungen im Erdzentrum «unendlich groß» sein müssten. Natürlich treten schon von einer bestimmten Tiefenstufe an, die nicht exakt ermittelt werden kann, Materialzerfallsprozesse auf. Bedeutet die Entfernung 2 r vom Erdmittelpunkt, also das Doppelte des Erdradius, eine Verminderung der anziehenden Wirkung um das Vierfache (auch nach Newton), die Entfernung 4 r eine solche um das Sechzehnfache usw., so müsste – nach H. Krause – die Halbierung des Erdradius eine Verstärkung der Gravitation um das Vierfache bedeuten, der vierte Teil des Erdradius vom Erdmittelpunkt aus eine Verstärkung um das Sechzehnfache usw. Schließlich treten in Erdkernnähe «Gewichte» von vielen Trillionen Tonnen auf, die Materie wird unvorstellbar zusammengepresst und verliert jede Ähnlichkeit mit unserer Erfahrung zugänglichen Formen. Schließlich «reißt» die Materie, wie H. Krause sagt, zerstrahlt, löst sich vollständig in die Ur-Energie auf, die naturgemäß nach allen Seiten verstrahlt.

Zur Rotverschiebung

Aus der hier gegebenen Erklärung der Rotverschiebung – als einer verzögerten Violettverschiebung – folgt naturgemäß und aus der Radialität der Energiefelder heraus, dass gewisse Rotverschiebungswerte auch ohne eine zeitliche Dichteverringerung des Erdfeldes auftreten müssten. Je weiter die Gestirne von uns entfernt sind, um so stärker wird die in unserem Feld erzeugte Energiestrahlenskala nach Violett verschoben sein. Schließlich kann ein Himmelskörper gänzlich aus der Sichtbarkeitszone herausrücken. Natürlich hängt dies stets auch mit der jeweiligen Eigenverstrahlung des betreffenden Gestirns zusammen. Solange das Gestirn sichtbar ist, wird das irdische Auge – trotz der Verschiebung – in der Spektralanalyse das bekannte Regenbogenband des Spektrums erblicken. Mit zunehmender Entfernung vergrößert sich auch die verzögerte Violettverschiebung (= Rotverschiebung).

Diese entfernungsbedingte Art der Rotverschiebung wird im ansteigenden Entwicklungsabschnitt der Erde, also mit wachsender Feldintensität sowie sich vergrößernder Stauchung der Einstrahlungen, durch die Zunahme der Felddichte kompensiert oder gar überkompensiert werden (bis zu welchem Grade auch immer; es gab keine irdischen Augen, die dies hätten beobachten können). Im absteigenden Entwicklungsabschnitt werden sich beide Rotverschiebungseffekte überlagern und summieren. Insofern beweist die Rotverschiebung der Linien in den Galaxienspektren eindeutig die sinkende Feldintensität der Erde. – Die Rotverschiebung in Teilen des Sonnenspektrums müsste auf ein geringfügiges Schwächerwerden des Stauchungsprozesses zwischen Sonne- und Erdfeld zurückzuführen sein. Diese zweite Art der Rotverschiebung wird von Physikern häufig als «Gravitationsrotverschiebung» bezeichnet, da Einstein in seiner allgemeinen Relativitätstheorie die Behauptung aufgestellt hatte, dass sich das Licht gegen den Gravitationswiderstand der Sonne gleichsam herausarbeiten muss und dabei Energie verliert, also eine Frequenzminderung erfährt bzw. eine Verschiebung der Spektrallinien gegen das rote Ende des Spektrums. Diese Einsteinsche Deutung ist selbst unter Physikern heftig umstritten.

Eine dritte Form der Rotverschiebung (also neben derjenigen der Galaxienspektren und derjenigen in Teilen des Sonnenspektrums) geht auf reale kosmische Bewegungsvorgänge zurück. Wenn sich etwa die Erde auf ihrer Bahn um die Sonne einem in der Ekliptik gelegenen Stern nähert, verschieben sich die Linien im Spektrum des betreffenden Sterns nach Violett (Violettverschiebung); wenn sich die Erde entfernt, erfolgt eine Verschiebung der Linien zum roten Ende des Spektrums (Rotverschiebung). Ergänzt sei, dass derartige Verschiebungen der Linienspektren stets aus einem Vergleich mit den «entsprechenden» Linienspektren irdischer Elemente auf der Erdoberfläche ermittelt werden.

Diese dritte Violett- bzw. Rotverschiebung erklären die Physiker gleichfalls mit dem sogenannten Doppler-Effekt. Der Doppler-Effekt geht auf Erfahrungen mit Schallwellen zurück: Verkleinert sich der Abstand zwischen Wellenerreger und Beobachter, so nimmt der Beobachter eine größere Frequenz wahr als bei gleichbleibendem Abstand. Bei einem sich nähernden Auto zum Beispiel ist der zunehmend höher werdende Ton darauf zurückzuführen, dass das Ohr in einer bestimmten Zeiteinheit mehr Schallwellen registriert als im Falle einer relativen Ruhe zur Schallquelle des Autos. Umgekehrt liegen die Dinge im Falle eines sich entfernenden Autos; hier wird der Ton zunehmend tiefer. Die Physiker übertragen diese Erfahrungstatsachen nun auf die Wellenbewegung des Lichts: Eine sich entfernende Lichtquelle bedeutet eine Verzerrung der kugelförmigen Lichtausbreitung für den Beobachter in Richtung auf eine Ausdehnung der Wellen. Bei einer sich nähernden Lichtquelle erscheinen die Lichtwellen für den Beobachter komprimiert. Im ersten Fall nimmt die Wellenlänge zu, im zweiten dagegen ab.

Die Anwendung des Doppler-Effekts auf die Rotverschiebung der Linien in den Spektren der Galaxien (Spiralnebel) ist der Schlüssel für die gesamte moderne Kosmologie. Dieser Schlüssel erweist sich nun als Illusion, wie auch schon unabhängig von Krause gelegentlich vermutet wurde. Als ein Beispiel für viele sei hier ein Aufsatz von Max Himmelheber in der Zeitschrift «Scheidewege» von 1971 genannt («Der Explosionsmythos. Über einen wissenschaftlichen Anschauungszwang», Nachdruck in dem Sammelband «Die Erde weint. Frühe Warnungen vor der Verwüstung» von 1987 im dtv-Verlag München, S. 162ff). Natürlich gehen die Physiker von der Hypothese (besser: Fiktion) aus, dass Sonne, «Fixsterne» und Galaxien selbst Licht verstrahlen. Mit Krause lässt sich die genannte Art der Rotverschiebung leicht einordnen: Im Falle der Erdbewegung auf den in der Ekliptik gelegenen Stern zu werden die vom Erdfeld gestauchten Energien des betreffenden Sterns eine Verschiebung in Richtung Rot erfahren, d. h. der Stauchungsprozess wird zunehmend stärker. Die Linien, gemäß der von Krause skizzierten Eigenart der «Stetigkeit», bleiben hinter der Verschiebung des sonstigen Spektrums zurück und weisen notwendig eine Violettverschiebung (in Relation zum «darunterliegenden» Spektrum) auf. Der umgekehrte Fall tritt ein, wenn sich die Erde von dem betreffenden Gestirn entfernt; dann wird die Violettverschiebung des ganzen Spektrums sich in einer Rotverschiebung der Linien in Bezug auf das Spektrum auswirken (verzögerte Violettverschiebung). Das Auge ist seiner Struktur nach außerstande, die Verschiebung des «Regenbogenfensters» wahrzunehmen; auf der einen Seite (im Ultraviolettbereich) werden Energien gewonnen, während sie auf der anderen Seite (Ultrarotbereich) verlorengehen bzw. schwinden. Das Auge ist stets auf den bekannten sichtbaren Ausschnitt fixiert. Und nur *die Verschiebung der Linien* ist direkt beobachtbar.

Die Entfernung der Erde von dem Gestirn in der Ekliptik hat den gleichen Effekt wie eine entsprechende Verringerung der Intensität ihres Raumenergiefeldes, während die Annäherung der Zunahme der Felddichte entspricht bzw. die gleiche Wirkung hervorruft. Indem sich die Erde annähert, rückt das betreffende Gestirn in eine größere Felddichte der Erde hinein; bei der Bewegung der Erde in die Gegenrichtung ergibt sich das Hineinrücken des Gestirns in eine geringere Felddichte. –

Diese aus der dritten Art der Rotverschiebung gewonnenen Einsichten lassen sich auf die Deutung der Rotverschiebung der Galaxien übertragen. Das Schwächerwerden des Raumenergiefeldes der Erde entspricht einer – nun allerdings nur *scheinbaren* – Fluchtbewegung von der Erde weg. Eine *Realbewegung* vollzieht nur die von H. Krause genannte Grenze des Feldes, jenseits derer eine Stauchung in einem für uns erkennbaren Schwingungsbereich nicht mehr gegeben ist. Die scheinbare Flucht der Spiralnebel ist also ein spiegelverkehrter Vorgang zu der realen Erdbewegung in die Gegenrichtung zu dem Stern in der Ekliptik. Die Realbewegung der von Krause erwähnten «Grenze» bedeutet zugleich eine Realbewegung des gesamten Feldes in Richtung auf seine Entstehungszone, den Kern des Gestirns Erde. Das Raumenergiefeld zieht sich im absteigenden Abschnitt der materiellen Gestirnentwicklung gleichsam in seinen Ursprung zurück. Das Stärker- und Schwächerwerden des Feldes kann vielleicht als eine gewaltige kosmische Atembewegung gedeutet werden, der jedes Gestirn unterworfen ist. –

4 (S. 62)

Über den Begriff «Akzidens»

in der Naturphilosophie Giordano Brunos schreibt Jochen Kirchhoff: «Die Sinnesorgane sind nach Bruno keine kosmischen, sondern erdoberflächenverhaftete Erkenntniswerkzeuge; sie sind ihrem Wesen nach außerstande, ‹Wahrheit› oder ‹Wirklichkeit› zu registrieren ... Was sich uns in der Erscheinungswelt darstellt, ist nicht das Wesen oder die Substanz, sondern hat nur den Charakter von Akzidentien. Den Begriff ‹Akzidens› übernimmt Bruno aus der philosophischen Tradition, stellt ihm die ‹Substanz› als Gegenbegriff gegenüber. Akzidens meint in der Tradition die Eigenschaft oder den Zustand einer Substanz; während letztere aus sich heraus existiert und in sich selbst gründet, befinden sich die Akzidentien in vollständiger Abhängigkeit von der einzig als ‹Sein› zu bezeichnenden Substanz, das heißt, sie haben keinerlei Eigenständigkeit. Bei Bruno lässt sich Akzidens vielleicht am besten mit ‹Erscheinungsform› wiedergeben. Den Aristotelikern etwa, die er ‹Sophisten› nennt, macht der Nolaner den Vorwurf, die Substanz der Dinge außer acht zu lassen und sich lediglich mit den Akzidentien abzugeben, die doch nichts Einfaches und damit Ursprüngliches, sondern etwas Zusammengesetztes seien und folglich, wie es wörtlich heißt, ‹ohne Beständigkeit und Wahrheit›, stets der einstigen Auflösung in die Substanz zustrebend./ Die Substanz ist das Eine, die Ur-Monade, die Ganzheit des unendlichen Raums. Jede Erzeugung, von welcher Art sie auch sei, ist eine Veränderung, während die Substanz immer dieselbe bleibt, weil es nur eine gibt, ein göttliches unsterbliches Wesen.» (Bruno-Monographie, edition dionysos 2025, S. 67)

5 (S. 68)

Bezogen auf den Fixsternhimmel, vollführt der Mond naturgemäß eine Rotation pro Bahnumlauf um die Erde (siderische Rotation).

6 (S. 69)

Perihelabweichung und Gravitationsgesetz

Zur Perihelabweichung des Planeten Merkur heißt es in der Kopernikus-Monographie von Jochen Kirchhoff (Kopernikus-Monograhie, edition dionysos 2025, S. 121): «Es muss als ein wissenschaftsgeschichtliches Kuriosum gewertet werden, dass auch die Unzulänglichkeiten der Newtonschen Himmelsmechanik gerade am Merkur zutage treten: Etwa zu jener Zeit (Mitte des 19. Jahrhunderts), als die Entdeckung des Planeten

Neptun durch Leverrier Präzision und Voraussagemöglichkeit der Himmelsmechanik eindrucksvoll zu bestätigen schien, wurden die ersten Schwachstellen des mechanistischen Ansatzes offenbar. Die wissenschaftliche Welt feierte die Entdeckung des neuen Planeten in der gebührenden Form. Bahnstörungen des Uranus hatten die Existenz eines bis dato unbekannten Planeten nahegelegt, dessen Gravitationswirkung und Umlaufzeit erschlossen werden konnte; tatsächlich ist der Neptun dann auch in unmittelbarer Nähe des von Leverrier vorausgesagten Ortes gefunden worden, obwohl die Bahnunregelmäßigkeiten des Uranus auch durch den Neptun nicht restlos zu erklären waren. Derselbe Leverrier hatte die aufgrund genauester Bahnberechnungen erhärtete Feststellung gemacht, dass sich der Planet Merkur den Newtonschen Gesetzen nicht nahtlos ‹unterordnen› ließ: Sein Perihel, also der sonnennächste Punkt der Umlaufbahn, rückte jedes Jahr um einen bestimmten Betrag weiter. Trotz Berücksichtigung der gravitationellen Störwirkungen der anderen Planeten blieb ein nicht aufzuklärender Restbetrag (übrigens auch bei der Venus), der, so gering er war, den Newtonschen Gesetzen widersprach. Bekanntlich war diese Anomalie des Merkur einer der wesentlichen Anstöße zur Entwicklung der allgemeinen Relativitätstheorie Einsteins. ‹Wenn es überhaupt eine Hoffnung gibt›, schreibt Einstein, ‹Abweichungen vom Newtonschen Gesetz irgendwo bestätigt zu sehen, dann hier beim Merkur.› Die Abweichung der Merkurbahn von der Ellipsenform wurde von Einstein mittels Einführung neuartiger Fiktionen zu erklären versucht, die mit der postulierten Vierdimensionalität der Raumzeit zu tun haben. Die neuen Gravitationsgleichungen verändern die geometrische Form der Merkurbahn: Einstein fingiert eine rosettenförmige Bahn bzw.

die Rotation der elliptischen Bahn relativ zu dem mit der Sonne fest verbundenen System. Wenn wir die bekannte Umstrittenheit der allgemeinen Relativitätstheorie in Rechnung stellen, wäre der Merkur heute noch jener nicht einzufriedende ‹Störfaktor› innerhalb der wissenschaftlichen Bemühungen, das Rätsel der Planetenbewegungen zu lösen. Er demonstriert die Korrekturbedürftigkeit der mechanistischen Massenanziehungsfiktion in ihrer Anwendung auf die Gestirnbewegungen.»

Zum Grundsätzlichen der physikalischen Interpretation der Bewegungen im Sonnensystem in der abstrakten Naturwissenschaft seit Newton heißt es in der Kopernikus-Studie (edition dionysos 2025, S.154): «Der Verzicht auf die Wesensfrage hatte weitreichende Konsequenzen, da nunmehr Fiktionen benötigt wurden, um den rechnerischen Zugriff auf die kosmische und natürliche Umwelt zu ermöglichen. Gleichfalls eliminiert wurde die Frage nach den ‹eigentlichen› Bewegungsursachen der Gestirne: Das mechanistische Denken postulierte die zeitlich unbegrenzte Aufrechterhaltung der geradlinig-gleichförmigen Trägheitsbewegung. Die Planeten fallen in dieser Sichtweise unaufhörlich um die Sonne herum, wobei Sonnengravitation und nach außen ziehende Trägheitskraft in Balance gehalten werden. Mit einigem Recht hat Max Jammer darauf verwiesen, dass der Trägheit bzw. dem Trägheitswiderstand eines Körpers in der klassischen Mechanik jene Funktion zugeschrieben wurde, die in der pythagoreisch-platonischen Astronomie der ‹anima motrix›, der bewegenden Kraft der Weltseele, zukam. Gravitation wurde zur unerklärbaren Grundkraft der Materie; Newton selbst hielt Schwere, im Unterschied zur Trägheit, nicht für eine reale physikalische Kraft, auch war er ein scharfer Gegner der mit seinem Namen verbundenen Fernwirkungsidee. Nach dieser wirkt Gravitation ohne Zeitverlust, also ‹augenblicklich›, durch den leeren Raum hinweg, ohne Beeinflussung durch dazwischen befindliche Materie oder sonstige physikalische Prozesse zu erleiden; und zwar soll dies für jedes atomistisch gedachte Teilchen gelten, über beliebige Entfernungen hinweg – eine erstaunliche und schon von Leibniz scharfsinnig attackierte Fiktion! Der einzig empirische Wert im Gravitationsgesetz in seiner Anwendung auf die Gestirne ist der Faktor $1/r^2$, eine mathematische Umschreibung der radialsymmetrischen Form der Schwerefelder. Naturgemäß sind die jeweiligen Masse- und Dichtewerte der Weltkörper *auf direktem Wege unbestimmbar*; um dennoch mathematisch verwertbare Aussagen zu machen, mussten – in einem komplizierten Netzwerk einander ergänzender und bedingender Fiktionen und Hypothesen – zahlenmäßige Zuordnungen vorgenommen werden, deren experimentelle Unbeweisbarkeit außer Frage steht.» Was hier geschieht, ist dem bewundernden «Laien» undurchschaubar; die Möglichkeiten der mathematischen Manipulationen und Zirkelschlüsse nimmt kaum jemand wahr. – Von den insgesamt 5600 Bogensekunden Perihelabweichung pro Jahrhundert beim Merkur konnten 5557 im wesentlichen mit dem Gravitationseinfluss anderer Himmelskörper erklärt werden. Es verblieb ein unerklärbarer Rest von 43 Bogensekunden, und alle Versuche, das Newtonsche Gravitationsgesetz mit bestimmten Zusatzannahmen zu retten, erwiesen sich als unhaltbar. Auch blieb unbeachtet, dass die errechneten 43 Bogensekunden nur die Spitze eines Eisbergs darstellen. Nur die mathematischen Manipulationen und Zirkelschlüsse auf der Basis fiktiver Dichtewerte haben den – irrigen – Eindruck entstehen lassen, als lieferten die Newtonschen Gleichungen zumindest Annäherungen an den realen

Bahnumlauf der Planeten. Die Dichte der Sternmaterie – als Ausdruck der jeweils unterstellten Masse – soll ja, nach Newton, neben der Gestirngröße, die Stärke des Gravitationsfeldes eines Himmelskörpers bestimmen. Eine experimentelle Bestimmung der Dichte des Planeten Erde in den oberen Schichten ergibt einen Mittelwert von 2,7 g/cm³ (Gramm pro Kubikzentimeter). Dieser Wert ist ein aus der Erfahrung gewonnener. Hätte nun die Erde als Ganzes, im Sinne der unterstellten Gleichartigkeit der Materieformen auch in tiefsten Erdschichten, gleichfalls diesen mittleren Dichtewert, so müsste ihre Anziehungskraft eine erheblich geringere sein, als sie real ist. Hier lässt sich nun sehr schön die Zirkelhaftigkeit der Argumentation der Physiker studieren. Also, so wird gefolgert, kann der mittlere Dichtewert des Erdganzen nicht mit dem der oberen Erdschichten identisch sein: Er muss höher sein. Man postuliert nun (erfahrungsmäßige Beweise gibt es nicht) bestimmte Dichtewerte für bestimmte Erdschichten, um die erwähnte Diskrepanz aufzuheben. Im Erdkern soll z. B. eine Dichte von ca. 17 g/cm³ (Gramm pro Kubikzentimeter) vorherrschen. Der aus den herrschenden Vorstellungen abgeleitete mittlere Wert für die Dichte des Erdganzen soll 5,51 g/cm³ betragen. In Parenthese sei erwähnt, dass die Dichte für Wasser auf der Erdoberfläche bei einer Temperatur von 4 Grad Celsius 1 g/cm³ beträgt. Dichte generell wird als der Quotient von Masse und Volumen verstanden. Zur Bestimmung der mittleren Dichte des Erdganzen muss man demnach den Massenwert für die Erde durch den Wert für das Erdvolumen teilen. Den – rein fiktiven – Massenwert der Erde errechnet man mit Hilfe des Newtonschen Gravitationsgesetzes, indem man das Produkt von Erdbeschleunigung auf der Erdoberfläche (9,81 m/s²) mit dem Quadrat des mittleren Erdradius – (6370 km)² – multipliziert und durch den Faktor G – die sogenannte Gravitationskonstante – teilt, wodurch sich ein Wert von ca. $5{,}97 \cdot 10^{24}$ kg ergibt. Diesen teilt man durch den Wert 4/3 π (6370 km)³ – Volumen der Erde – und erhält nun den bereits genannten Wert von 5,51 g/cm³.

Das Ganze ist ein mathematischer Tagtraum!! Mit physikalischer oder kosmischer Realität hat er kaum etwas zu tun. Empirisch ist der Wert für das Erdvolumen, ist der Wert für die Fallbeschleunigung auf der Erdoberfläche. Auch der Faktor G wird mittels einer Messung bestimmt; allerdings hat das Gemessene nichts mit der Gestirngravitation zu tun. Dazu weiter unten gleich mehr. Ähnlich errechnet man die Dichte anderer Himmelskörper, etwa des Jupiters, hier unter Zuhilfenahme der Bahndaten des Jupitermondes Io. Die Dichte des Riesen unter den Planeten soll diesen mathematischen Tagträumen nach nur 1,33 g/cm³ betragen; für den Saturn soll die Dichte gar unterhalb der des Wassers liegen: 0,72 g/cm³! Jupiter und Saturn werden als glühende Gaskugeln vorgestellt. Für die Sonne wird ein Wert von 1,41 g/cm³ angegeben usw. Dies alles soll nur erwähnt werden, um das Spekulative und Zirkelhafte der mathematisch-physikalischen Argumentation zu zeigen; stets werden empirische Werte mit hypothetischen und fiktiven Werten vermengt.

Hätte der Riesenplanet Jupiter die gleiche – unterstellte – Dichte wie die Erde, also nicht jenen angenommenen extrem niedrigen Wert, so wäre er gemäß den herrschenden Fiktionen ein ungeheurer gravitationeller Störfaktor im Sonnensystem; seine Beeinflussung der Bahnen der anderen Planeten müsste ungleich größer sein, als sie realiter ist. Das gleiche gilt für den Saturn, in etwas abgewandelter Form auch für die Sonne. Hätte das Zentralgestirn eine der Erde vergleichbare Dichte, so wäre seine Anziehungskraft so immens, dass die Planeten sich erheblich schneller bewegen müssten, um nicht in die Sonne hineinzustürzen. Und so bedingt ein Wert im Rahmen der Newtonschen Vorstellungen den anderen. Das Ganze ist auf eine zunächst schwer durchschaubare Weise zirkelhaft konstruiert.

In einem populären Lehrbuch der Astronomie aus dem späten 19. Jahrhundert wird der hier angedeutete Zusammenhang sehr klar formuliert: «Die Stärke der Anziehung, welche ein Körper ausübt, hängt, abgesehen von der Entfernung, von seiner Masse ab, und die Masse von der Größe und Dichtigkeit. Die Astronomen bestimmen die Größe der Körper unseres Sonnensystems, ihre Entfernungen und zugleich die Stärke ihrer Anziehung. Denkt man dieses zusammen, so begreift man die Möglichkeit, dass sie auf die Dichtigkeit derselben einen sicheren Schluss zu machen imstande sind. Gesetzt, z. B., wir vermöchten die Kraft zu bestimmen, mit welcher der Jupiter die Erde anzieht, und es wären, wie es der Fall ist, seine Größe und Entfernung bekannt. Zieht er nun die Erde weniger stark an, als es nach Verhältnis seiner Größe und Entfernung erwartet werden muss, so kann dieses nur daher rühren, dass seine Masse lockerer ist als die der Erde. Kennt man die letztere, wie man sie kennt (im Durchschnitt etwa 5 ½ mal so dicht als destilliertes Wasser), so lässt sich ein Schluss machen auf die Dichtigkeit des Jupiter. So haben die Astronomen das Verhältnis der Dichtigkeit der Himmelskörper bestimmt.»

Damit ist in wünschenswerter Klarheit der zirkelhafte Gedankengang zum Ausdruck gebracht worden, der allen derartigen Schlussfolgerungen zugrunde liegt. Der erwähnte «sichere Schluss» ist eine schlichte Illusion; das Ganze stimmt nicht, die

Massenanziehungsfiktion als solche ist unhaltbar. Und blickt man nun auf die berühmten 43 Bogensekunden (43/3600 Grad) der Perihelabweichung des Merkur zurück, so wird deutlich, dass dieser Wert auch eine Aussage ist über die vorgenommenen Manipulationen mit den Dichtewerten der Gestirne – Manipulationen, die nur im Falle des sonnennächsten Planeten nicht ganz aufgegangen sind. Einsteins ‹Korrektur› ändert an dem fundamentalen Irrtum des ganzen Ansatzes überhaupt nichts. Würde eine Sonde auf dem Jupiter landen und würde sich herausstellen, dass dieser Planet eine feste Oberfläche hat (was er nach Krause haben *muss*), so wäre dies – auch im Rahmen der herkömmlichen physikalischen Denkmuster – eine unbezweifelbare Widerlegung des Gravitationsgesetzes, denn dann müssten die Gravitationswirkungen des Jupiters erheblich stärker sein, als sie faktisch sind ...

Der Kern des Newtonschen Gravitationsgesetzes ist die Behauptung, dass sich alle materiellen Teilchen im Weltall – ungehindert – mit einer Kraft anziehen, die dem Produkt ihrer Massen direkt und dem Quadrat ihres Abstandes umgekehrt proportional ist. Zusätzlich wird angenommen, dass der Faktor t – also die Zeit – ausgeschaltet ist, die Gravitationswechselwirkungen also ohne Zeitverlust bzw., auf den Geschwindigkeitsbegriff übertragen, mit unendlicher Geschwindigkeit den Raum durcheilen. Die Größe G wird nun als Proportionalitätsfaktor eingeführt, so dass die Gleichung folgende Form erhält:

$$F \text{ (Kraft)} = G \, (m_1 \, m_2)/r^2$$

Die Physiker in der Newton-Nachfolge sehen in G eine von der Beschaffenheit der anziehenden Körper unabhängige «Naturkonstante». (Nach Krause sind alle «Konstanten» der Physik im Letzten Variable im Fluss der Zustandsänderungen der Raume-

nergiefelder.) Der Zahlenwert von G lässt sich aus der Planeten-
bewegung und den Keplerschen Gesetzen nicht ermitteln; seiner Bestimmung dient die «Gravitationsdrehwaage», die im späten 18. Jahrhundert entwickelt wurde, ein Messgerät, mit dem
man – angeblich – die Gravitation zwischen zwei Metallkugeln
direkt messen kann. Was der Versuch zeigt, ist, dass Metallkugeln sich in der Tat wechselseitig anziehen, und zwar nach Maß-
gabe ihrer Größe (natürlich auch Dichte) und Entfernung, dass
von den Kugeln jeweils ein radialsymmetrisches Anziehungsfeld
ausgeht.

Was wir hier gemessen? Allem Anschein nach handelt es sich
um eine der elektromagnetischen analoge Wechselwirkung, deren Intensität aber weit unterhalb der elektromagnetischen
Wechselwirkungen angesiedelt ist. Anziehung im Sinne der Wirkung eines von Gestirnen verstrahlten Energiefeldes setzt die
Totalumwandlung von Materie in Raumenergie voraus. Einen
Hinweis auf die offenbar in dem Drehwaagenversuch zur Wirkung gelangende «Ladung» gibt die bekannte Analogie des
grundlegenden Gesetzes der Elektrostatik – des sogenannten
Coulomb-Gesetzes – mit dem Gravitationsgesetz. Nach Coulomb
ist die anziehende bzw. abstoßende Wirkung zweier (ungleich-
namiger bzw. gleichnamiger) Magnetpole oder elektrischer Ladungen direkt proportional dem Produkt der Ladungen bzw.
Polstärken und umgekehrt proportional dem Quadrat der Entfernung. Diese formale Übereinstimmung zwischen den Gesetzen des Magnetismus und der (ruhenden) Elektrizität mit denen der Anziehungswechselwirkung, die der Drehwaagenversuch zeigt, legt den Gedanken an einen engen Zusammenhang
nahe. Das Gravitationsgesetz beschreibt näherungsweise eine
bestimmte Form der Wechselwirkung auf der Gestirnoberflä-

che, die der des Elektromagnetismus analog ist. Für Gestirne hat es keine Gültigkeit.

Die beobachteten Wechselwirkungen werden sich in etwa mit Lichtgeschwindigkeit fortpflanzen. Über die Reichweite dieser anziehenden Wirkungen lässt sich keine experimentell abgesicherte Aussage machen; das gleiche gilt auch für die unterstellte Universalität (die rein fiktiv ist) und die Frage der Durchdringungsfähigkeit bzw. der Nicht-Abschirmbarkeit. Unbegrenzt durchdringungsfähig und nicht abschirmbar ist nur die Verstrahlung im reinsten Zustand. Metallkugeln auf der Erdoberfläche können nicht Gestirnen gleichgesetzt werden, die einem eigenen Kernzerfall unterworfen sind. Sicher spiegelt das radialsymmetrische – gestauchte und gewandelte – Feld um die Metallkugeln herum die entsprechende Form des Erdfeldes, aber es ist nicht dem Feld im Urzustand gleichzusetzen. Seine Durchdringungsfähigkeit ist genauso begrenzt wie seine Reichweite und die Fortpflanzungsgeschwindigkeit der Wechselwirkungen.

7 (S. 76)

Aggregatwechsel und Vulkane

Auch im Rahmen herkömmlicher Vorstellungen spielen ja Druckfaktoren bei der jeweiligen Zustandsform der Materie – also den Aggregatzuständen – eine zentrale Rolle. Der Aggregatzustand ist stets eine Funktion von jeweils vorherrschendem Druck und den atomaren Bewegungsvorgängen. Werden letztere beschleunigt, muss der Druck erhöht werden, um etwa den festen Zustand der Materie aufrechtzuerhalten. Geschieht dies nicht, wird also die Wärmeenergiezufuhr und die in ihrer Folge steigende atomare Bewegungsgeschwindigkeit nicht durch höheren Druck ausgeglichen, so erfolgt der Übergang in den flüssigen Zustand. Analoges geschieht beim Übergang vom flüssigen in den gasförmigen Zustand.

Krause macht nun deutlich, dass die Kernverstrahlung die Ursache ist sowohl für die atomaren Bewegungen als auch für den jeweils vorherrschenden Druck (den Zusammenhalt der Materie). Schmelz- und Siedepunkte sind von der Energiefelddichte abhängig. Schießt nun feste Materie aus tieferen Erdschichten nach oben, so können sich die atomaren Bewegungen nicht sofort der geringeren Felddichte bzw. dem verminderten Druck anpassen, d. h. sie behalten ihre Bewegungsgeschwindigkeit bei. Das aber hat zur Folge, dass der verminderte Druck nun nicht mehr ausreicht, um den festen Aggregatzustand zu erhalten; die feste Materie schmilzt.

8 (S. 79)

Zu den Sonnenflecken

Die Sonnenfleckengruppen haben eine durchschnittliche Lebensdauer von 6 Tagen, einzelne Flecken existieren manchmal nur wenige Stunden, größere Gruppen bis zu mehreren Monaten. Es ist auffallend, dass die Intensität der Fleckenbildung bestimmten periodischen Schwankungen unterliegt, wobei sich über längere Zeiträume hinweg eine durchschnittlich *11-jährige Fleckenperiode* (Abstand zwischen zwei Fleckenmaxima) ergeben hat. Wenn man hier berücksichtigt, dass der größte aller

Planeten, der Jupiter, eine Umlaufzeit um die Sonne von 11,86 Erdjahren hat, dann wird deutlich, dass hier ein ursächlicher Zusammenhang besteht. Ein solcher ist auch schon gelegentlich vermutet worden, ohne dass der Grund hierfür genannt werden konnte. Stärker als die anderen Planeten bzw. deren Energiefelder wird der Jupiter Stauchungsprozesse im Raumenergiefeld der Sonne bewirken, die sich einem irdischen Beobachter als dunkle Flecken auf der Sonnenscheibe bemerkbar machen.

Die Astronomen unterstellen einen direkten Zusammenhang zwischen den Sonnenflecken und starken, örtlich auftauchenden Magnetfeldern; die Magnetfelder formen sich genau dort, wo später die Sonnenflecken sichtbar werden. Ob es sich tatsächlich um Magnetfelder handelt, kann nicht überprüft werden, denn die angenommenen Magnetfelder sind eine Schlussfolgerung aus spektroskopischen Untersuchungen. Wenn man sich vergegenwärtigt, wie Krause das Phänomen des Magnetismus erklärt, ist die Existenz derartiger Magnetfelder durchaus plausibel. Natürlich muss hierbei die Fiktion der Physiker und Astronomen von der Sonne als einer heißen Gaskugel revidiert werden.

9 (S. 82)

Zur fiktiven «Masse» der Gestirne

Die Physiker reden nicht vom «Gewicht», sondern von der «Masse» der Gestirne. Der Begriff der Masse in der Physik ist mit erheblichen Ungenauigkeiten und Widersprüchlichkeiten behaftet, wie Max Jammer in einer Studie nachgewiesen hat

(«Concepts of Mass» aus dem Jahre 1960). Abgeleitet ist die Vorstellung der Masse fraglos aus der Alltagserfahrung des Gewichts; die Maßeinheit – g oder kg – ist für Masse und Gewicht identisch. Ein kg Masse im schwerefreien Raum, gemäß den herrschenden Vorstellungen, kann natürlich nicht auf eine Unterlage drücken, ist also insofern nicht gleich Gewicht, stellt aber sehr wohl einen Trägheitswiderstand dar gegen eine äußere Krafteinwirkung. Der Begriff der Masse als solcher ist auf ein Gestirn nicht anwendbar bzw. wird ad absurdum geführt. Feinsinnige Unterscheidungen von Gewicht und Masse in der Begrifflichkeit der Physik verlieren ihre Bedeutung aus der kosmischen Sicht, wie sie bei Giordano Bruno und Helmut Krause zutage tritt.

Die Newtonsche Mechanik unterscheidet strenggenommen drei Arten von Masse: träge Masse, aktive Gravitationsmasse und passive Gravitationsmasse. Träge Masse ist Widerstand gegen eine Beschleunigung gemäß dem Kraftgesetz; aktive Gravitationsmasse ist Masse als materieller Ursprung des Gravitationsfeldes; passive Masse ist das materielle *Objekt* der Anziehungskraft. Alle drei Arten werden in der klassischen Mechanik als einander proportional definiert.

Nach H. Krause heben sich die Schwerewirkungen im Zentrum des Gestirns gegenseitig auf. Was bedeutet nun sein Hinweis, dass die Gestirne nichts «wiegen», mit Blick auf die drei Arten der Massen, welche die Physiker seit Newton für jeden Himmelskörper unterstellen? Wenn man zunächst mit Newton Masse als bloße «Materiemenge» definiert, dann wäre die «Masse» eines Gestirns – in diesem Sinne – völlig unbestimmbar. Einmal, weil jene Grenze nicht exakt angebbar ist, jenseits derer Materie in Raumenergie zerstrahlt. Und zum anderen, weil die

149

Vorstellung einer «Materiemenge», bei Newton abgeleitet aus der Fiktion von den Atomen als undurchdringlichen und harten «Wirklichkeitskügelchen», in Ansehung der völlig andersartigen Materieformen in tieferen Erdschichten unsinnig ist.

Der Begriff der «passiven Gravitationsmasse» im Sinne der Newtonschen Mechanik kann nicht auf ein Gestirn angewendet werden. Ein selbst verstrahlendes Gestirn *als Ganzes* kann nicht Objekt der Anziehung eines anderen Gestirns sein wie ein nicht dem Kernzerfall unterworfener Körper, den die Kernverstrahlung völlig durchdringt.

Ein Gestirn hat keinen «Trägheitswiderstand», die «träge Masse» ist gleich Null. Trägheit kann nur bei einem Körper auftreten, der keinem eigenen Kernzerfall unterworfen ist. Nicht das Gestirn selbst, sondern das dieses durchdringende und umspannende Energiefeld ist der Bewegungsträger. Dagegen *ruht* das Gestirn als Ganzes relativ zum eigenen Raumenergiefeld, mit dem es unlösbar verbunden ist! Trägheit ist eine Feldwirkung, eine vom Energiefeld *erzeugte* Materieeigenschaft; der Materie können keine Eigenschaften «an sich» zugesprochen werden, wie dies etwa die Vorstellung von der Trägheit als einer «absoluten Größe» (für einen gegebenen Körper) im Sinne Newtons beinhaltet. Die Grundwirkung des Feldes ist für alle Auflockerungsformen – also für die Materie – gleich; *für das Energiefeld* gibt es keine Trägheit der in seinem Einfluss befindlichen Materie. Es zieht alle Körper mit gleicher Intensität – gemäß der jeweiligen Felddichte oder Entfernung vom Kernzerfall – in Richtung Gestirnmittelpunkt. *Deswegen* fallen alle Körper gleich schnell!

Wohl gibt es nach H. Krause einen «Widerstand» der Gestirne; nur hat dieser nichts mit Trägheit im Sinne der Newtonschen Mechanik zu tun. Dieser Widerstand gründet in der Verstrahlung selbst und bezieht sich auf die jeweilige kosmische Umwelteinstrahlung.

Auch der Begriff der «aktiven Gravitationsmasse» ist wertlos und unsinnig für das Gestirnganze; die Anziehungskraft der Gestirne ist keine Wirkung der Gestirnmaterie als solcher. – Die irdische Mechanik kann nicht zur kosmischen Mechanik ausgeweitet werden. Eine *physikalische Gleichwertigkeit* von Wurf- und Stoßvorgängen auf der Erdoberfläche und der Bewegung des Erdganzen, wie dies seit Newton behauptet wird, kann es aus der Radialität und den sonstigen Eigenschaften des Energiefeldes heraus *nicht* geben.

10 (S. 87)

Zur Bewohnbarkeit von Sonne und Fixsternen

Sonne und Fixsterne als glühende Gaskugeln in Räumen eisiger, lebensfeindlicher Leere: Dies scheint einem erheblichen Teil der Zeitgenossen unmittelbar einzuleuchten, während die Vorstellung von der Bewohnbarkeit dieser Gestirne die meisten eher fremdartig, ja absurd anmutet. Es ist weitgehend vergessen worden, dass dies etwa im 18. Jahrhundert völlig anders war: Die Idee der Bewohnbarkeit aller Gestirne einschließlich von Sonne und Fixsternen gehörte «zum wissenschaftlichen Allgemeingut» (Bruno-Monographie, edition dionysos 2025, S. 130). «Die Denker der Aufklärung postulierten die kosmische Allgegenwart der Vernunft, und Voltaire beispielsweise vertrat den Gedanken, dass die Bewohner des Sirius, an deren Existenz er nicht zweifelte, mit einer der irdischen vergleichbaren «Moral» ausgestattet seien. Noch der Astronom Wilhelm Herschel (1738-1822), der den Planeten Uranus entdeckte, war wie Newton von der Bewohnbarkeit der Sonne überzeugt. Gedanken dieser Art schwanden im 19. Jahrhundert aus dem naturwissenschaftlichen Bewusstsein; und erst die Kosmologie von Simon Kraus (= Helmut Krause) hat die Möglichkeit eröffnet, die in unseren Tagen herrschende ‹Sonnenofen›-Theorie in Frage zu stellen.» (Bruno-Monographie, edition dionysos 2025, S. 131).

Schon Giordano Bruno hat gezeigt, dass die Sonnenofenfiktion ein mittelalterliches, am naiven Realismus orientiertes Vorstellungsgebilde ist. Der naive Realismus nimmt die Dinge zunächst einmal so, wie sie den Sinnen erscheinen. Diese Fixierung auf die Erscheinungen war das Haupthindernis für die Durchsetzung der kopernikanischen Lehre; die Suggestivkraft der unmittelbaren Sinneserfahrung – hier bezogen auf die (scheinbare) Ruhe und Unverrückbarkeit des uns tragenden Bodens – war ein ungeheures Erkenntnishemmnis. Es war ja zunächst wenig wahrscheinlich, dass dieser Boden selbst einer rasenden Bewegung unterworfen ist, zumal diese weder sinnlich noch physikalisch direkt nachzuweisen ist.

Bruno nahm diese fundamentale Täuschung zum Ausgangspunkt für eine grundstürzende Relativierung der sinnlichen Wahrnehmung überhaupt, primär der Wahrnehmung der kosmischen Umwelt. Er ging dabei von der Prämisse einer im Kosmos waltenden göttlichen Weisheit aus; jeder Himmelskörper müsse grundsätzlich die Möglichkeit haben, intelligentes Leben hervorzubringen (siehe auch Bruno-Monographie, edition dionysos 2025, S. 119ff).

Der am naiven Realismus orientierte Mensch schließt von der

gleißenden Helligkeit der Sonnenscheibe und der offenbar wärmespendenden Kraft des Tagesgestirns auf einen ungeheuer heißen Körper, eine Art kosmischen Ofen. Schließlich lehrt die Erfahrung auf der Erdoberfläche, dass Lichtphänomene bei glühenden Körpern auftreten. Und es bedarf eines beachtlichen Erkenntnisschrittes, *Erscheinung und kosmische Wirklichkeit* der Gestirne voneinander zu unterscheiden. Erst Giordano Bruno hat diesen Erkenntnisschritt wirklich vollzogen und damit das geozentrische Denken überwunden.

Zu dieser Überwindung des geozentrischen Denkens gehört die Erkenntnis des festen und «kalten» Aufbaus aller Himmelskörper. Glühende Gasbälle, ein expandierendes All, das seit dem monströsen «Urknall» auseinanderjagt, schwarze Löcher und ähnliche Fiktionen sind im Letzten als Projektionen zu werten: Die dem Kosmos entfremdete Seele projiziert die eigene Struktur auf die «Spiegelfläche» der kosmischen Umwelt. Den explosiven Schichten der Seele entsprechen die – fiktiven – Explosionen im Innern der Sterne. Und ein erheblicher Teil der modernen Kosmologie ist primär als tiefenpsychologisches Phänomen interessant: als ein gigantisches System der *Projektionen*. Die auswertbaren physikalischen Phänomene der kosmischen Umwelt lassen sich, wie Krause überzeugend zeigt, grundlegend anders und erheblich sinnvoller deuten. Und doch ist es aufschlussreich, sich einmal skizzenhaft einen Teil der Gedankenreihe zu vergegenwärtigen, der schließlich zu der heute herrschenden Vorstellung von Sonne und Fixsternen geführt hat, welcher nunmehr der Boden entzogen worden ist.

Da ist zunächst die Spektralanalyse als ein physikalisch unverzichtbares Erkenntnisinstrument. Seit den Forschungen Gustav Robert Kirchhoffs (der von 1824 bis 1887 lebte) wird die

Spektralanalyse auf die Spektren von Sonne und Fixsternen angewandt. Glühende feste und flüssige Körper sowie ungewöhnlich verdichtete Gase senden kontinuierliche Spektren aus, aus denen keine Erkenntnis zu gewinnen ist über die chemische Beschaffenheit des lichtaussendenden Stoffes. (Hier ist zunächst ausschließlich von den Erfahrungen *auf der Erdoberfläche* die Rede.) Linienspektren werden nur von einatomigen Gasen ausgesandt (Atomspektren), wobei ganz bestimmte Linien sich jeweils einem chemischen Element im gasförmigen Zustand zuordnen lassen. Auf diese Weise kann man die Elemente identifizieren. Die Linienanordnung zeigt bestimmte Gesetzmäßigkeiten, die detailliert untersucht worden sind.

Man unterscheidet prinzipiell zwischen Emissions- und Absorptionsspektren. Jeder gasförmige Stoff absorbiert nur diejenigen Wellenlängen, die er in leuchtendem Zustand selbst aussendet; an den Stellen, an denen ein Stoff im Emissionsspektrum helle Linien erzeugt, ruft er im Absorptionsspektrum dunkle Linien hervor. Das Sonnenspektrum, das auf den ersten Blick kontinuierlich erscheint, weist bei genauerer Betrachtung feine schwarze Linien auf (Fraunhofer-Linien). Gustav Robert Kirchhoff stellte nun die Behauptung auf, dass diese Linien als Absorptionsspektren zu werten seien. Kirchhoff ging dabei von der Fiktion eines glühenden Sonnenkerns aus; der Sonnenkern soll ein kontinuierliches Spektrum ausstrahlen. Dieses Licht soll dann die Schicht glühender Gase, die den Sonnenkern umlagert, durchdringen; die glühende Gasschicht absorbiert das Licht derjenigen Frequenzen, die sie selbst bei den unterstellten enormen Temperaturen aussenden kann. Usw. Eine Schlussfolgerung türmt sich auf die andere, und die kosmische Wirklichkeit verschwindet hinter einem Nebel von mathematisch-physikalischen Zirkelschlüssen und Fiktionen.

Ein weiterer Schritt zu der heute herrschenden Sonnenofen-fiktion war das sogenannte Wien-Verschiebungsgesetz (erst-mals formuliert im Jahre 1893). Mittels dieses «Gesetzes» soll die Oberflächentemperatur der Sonne ermittelt werden. Man geht hierbei von der spektralen Verteilung eines «absolut schwarzen Körpers» aus, der in jedem Spektralbereich eine grö-ßere Strahlungsleistung abgibt als jeder andere Körper bei glei-cher Temperatur. W. Wien nahm an, dass bei einem derartigen Körper das Produkt aus der Wellenlänge des Strahlungsmaxi-mums und der sogenannten absoluten Temperatur des strah-lenden Körpers konstant sei. Wenn man nun die Wellenlänge des Strahlungsmaximums der Sonnenenergie kennt, lässt sich – den Wahrheitsgehalt der Prämissen vorausgesetzt – die Ober-flächentemperatur der Sonne ermitteln. Hierbei muss natürlich unterstellt werden, dass sich die Sonne hinsichtlich ihrer Strah-lung wie ein «absolut schwarzer Körper» verhält. Es wird be-hauptet, dass dies näherungsweise der Fall sei; die Sonne soll gerade jene Temperatur haben, bei der die Wellenlänge des Strahlungsmaximums im Bereich der Sichtbarkeit liegt. Usw. Die Schlussfolgerungen sind rein fiktiv. *Die Sonnenoberfläche ist kein Gegenstand physikalischer Erfahrung*; es gibt keine vorausset-zungslose Messung ihrer Temperatur.

1911 schließlich entdeckte der französische Physiker Paul Langevin, der gleichzeitig mit Einstein die Energieformel auf-stellte (1905), den sogenannten Massendefekt, also die Massen-abnahme der nuklearen Bausteine, wenn diese – unter Weggang von Energie – sich zu Atomkernen zusammenschließen. Lange-vin brachte diesen Vorgang in einen Kausalzusammenhang mit der Quelle der Sonnenenergie; die in der Energieformel angedeuteten Masse-Energie-Prozesse wurden herangezogen, um die Sonnenenergie zu erklären. Natürlich mussten jetzt unvorstellbare Hitzegrade im Sonneninnern postuliert werden, welche die Kernfusionsvorgänge ermöglichen sollen. Pro Sekunde, so wurde errechnet, soll die Sonne 4,2 Millionen Tonnen in Energie umwandeln; da für das Zentralgestirn ein Alter von 4,5 Milliarden Jahren fingiert wird, ist der Massenverlust eine eher geringfügige Größe.

Die Berechnungen von H. Bethe und C. F. von Weizsäcker aus dem Jahre 1938 (Kohlenstoff-Stickstoff-Zyklus) bauen auf den genannten Fiktionen auf. Die Verwandlung von Wasserstoff in Helium bedarf einer Mindesttemperatur von 5 Millionen Grad Celsius; also sind die unterstellten Oberflächentemperaturen von Sonne und Fixsternen vergleichsweise als kühl zu bezeichnen ... Was hier vorliegt, sind ausnahmslos Fiktionen und zirkelhafte Schlussfolgerungen auf der Basis falscher Prämissen. Es sind objektivierte Bewusstseinsphänomene, die der Atombombe und der ökologischen Katastrophe entsprechen.

Physikalisch gesehen, besteht der Hauptfehler darin, dass stets Erfahrungen auf der Erdoberfläche unkritisch in den Kosmos hineinprojiziert werden. Weil die eigentliche Ursache unbekannt ist, werden Kausalketten konstruiert, die von fiktiven Voraussetzungen ausgehen. Das gilt für alle kosmologischen Überlegungen der Physiker und Astronomen; der aufgewendete Scharfsinn im Weiterdenken ist bemerkenswert: Nur stimmen die Prämissen nicht. Am Ende steht ein schlichtweg absurdes und trostloses Weltbild – als Ausdruck der «modernen Seele».

11 (S. 103)

Raumenergiefeld und Äther

Wenn H. Krause hier den Äther der Physik vor Einstein mit dem Raumenergiefeld der Gestirne gleichsetzt, so gilt dies naturgemäß nur mit gewissen Einschränkungen, die sich aus der Eigenart des Kernzerfallfeldes ergeben. Zweifellos ist Krause, physikalisch gesehen, der Vollender der Faraday-Maxwellschen Feldtheorie; zugleich jedoch überwindet er die mechanistischen Restbestände der traditionellen Äthertheorie. Das Energiefeld der Erde hat auch jene Eigenschaften, die dem Äther zugeschrieben wurden, aber es ist seinem Wesen nach erheblich mehr.

Der Äthertheorie des 19. Jahrhunderts fehlte die spirituelle Dimension. –

Übrigens hat schon Michael Faraday die These aufgestellt, dass es sich bei der Gravitation um ein Strahlungsphänomen handeln müsse, dass also der Schwerkraft Strahlungsenergie zuzuordnen sei. Dem Energiesatz zufolge kann diese Gravitationsstrahlung nur aus einer anderen Energieform entstanden sein; sie muss aus einer Energieumwandlung gespeist werden. Aus dem Ansatz Faradays folgt, konsequent weitergedacht, dass diese Energieform nur die Materie selbst sein kann bzw. die in ihr gebündelten und schwingenden Energien, von denen Faraday eine sehr subtile Vorstellung hatte. – Die physikalische Erkenntnisleistung Faradays und Maxwells ist von H. Krause stets anerkennend hervorgehoben worden.

Zum Michelson-Morley-Versuch und
zur Kritik der Relativitätstheorie

Michelson selbst lehnte die Relativitätstheorie ab; er war der Überzeugung, dass sich die gesamte Apparatur relativ zum Äther in Ruhe befunden habe. Zunächst teilten viele Physiker diese – ja durchaus naheliegende – Schlussfolgerung; die Erde hatte den Äther mitgeführt, und damit war die so beunruhigende Ergebnislosigkeit des Versuchs erklärt. Der Fehler lag darin, dass man von einem ruhenden Äther ausging, den die Lufthülle der Erde mit gerissen habe. Dass dies *so* unhaltbar war, stellte sich relativ schnell heraus. Auf den Gedanken, dass der Äther mit der Erde unlösbar verbunden ist und von ihr ständig mitgeführt wird, kam niemand. So setzte sich, trotz anfänglicher Widerstände, die gewaltsame «Lösung» Einsteins durch: die Eliminierung des Äthers überhaupt und die Manipulation der gesamten Kinematik (also des Raum-Zeit-Systems). Im Grunde war dies eine Bankrotterklärung der eigentlichen Physik.

Einem verbreiteten Missverständnis muss entgegengehalten werden, dass die legendäre Energieformel ($E=mc^2$) *kein* unlösbarer Bestandteil der speziellen Relativitätstheorie ist, sondern auf Masse-Energie-Prozesse deutet, die erst durch die von Krause enthüllte Struktur der Materie überhaupt verständlich werden.

Einen Überblick über die Kritik an der Relativitätstheorie (mit Ausnahme der «Einheitlichen Feldtheorie» Krauses) gibt der Physiker, Chemiker und Biologe Walter Theimer in seinem Buch «Die Relativitätstheorie. Lehre – Wirkung – Kritik» (Bern/

München 1977, Francke Verlag), zusätzlich in dem der Relativitätstheorie gewidmeten Kapitel seines «Handbuchs der naturwissenschaftlichen Grundbegriffe» (München 1978, dtv Wissenschaftliche Reihe). Theimer zeigt die Unhaltbarkeit der Grundannahmen Einsteins, auch die Zirkelhaftigkeit aller bisherigen Versuche, die spezielle und die allgemeine Relativitätstheorie zu beweisen. Abgesehen von H. Krause, sind die sehr klaren Ausführungen Theimers das Beste, was es an Kritischem zur Relativitätstheorie gibt. Es versteht sich beinahe von selbst, angesichts des ungebrochenen Einstein-Mythos und der unsäglichen Popularisierungen allenthalben, dass kritische Äußerungen, die es zur Relativitätstheorie gibt, keinerlei Öffentlichkeit finden.

Über den Autor und die Geschichte des Buches

Helmut Krause, 1948, Berlin

Helmut Friedrich Krause (1904-1973) lebte als Philosoph und Privatgelehrter in Berlin. 1924 lernt er die Philosophie Giordano Brunos und die buddhistische Weisheitslehre kennen; beides prägt ihn in hohem Grade und wird für seinen weiteren Entwicklungsgang bedeutsam. 1926-1930 Studium der Volks- und Betriebswirtschaft. 1930-1934 Studium der Physik. Ausgangspunkt der Beschäftigung mit Physik ist die Hoffnung, hier eine Kraft (o. ä.) zu erschließen, mittels derer Kriege unmöglich gemacht werden können. 1934 gibt H. Krause dann die westliche Methodik auf, weil er sie für ungeeignet hält. Er geht fortan konsequent den Weg nach innen, den Weg der Meditation.

Anfang 1937 hat er sein erstes Satori-Erlebnis, eine blitzartig-intuitive Wirklichkeitsschau, die er nun mit seinen naturwissenschaftlichen Forschungen bis 1934 verbindet. Er formuliert die Erstfassung des «Baustoffs der Welt» im Sommer 1937. 1940 erfolgt eine zweite Fassung; diese will der Eugen Diederichs Verlag herausbringen, doch H. Krause zieht das Manuskript zurück aus Angst vor einem möglichen Missbrauch durch die Nationalsozialisten (vornehmlich in den Anti-Einstein-Argumenten). Als Philosoph arbeitet er im Verborgenen, übt aber in der bürgerlichen Welt verschiedene berufliche Tätigkeiten aus. 1944 gelingen weitere ‹Durchbrüche› in der meditativen Arbeit; H. Krause gelangt zu transpersonalen Erfahrungen, die ins Kosmische hineinreichen, aber erst in den 50er Jahren zu Papier gebracht werden. Krauses Hauptwerk – «Vom Regenbogen und vom Gesetz der Schöpfung» – wird 1967 abgeschlossen. 1970 veröffentlicht er den ersten Teil – «Der Baustoff der Welt» – im Ner Tamid Verlag; er bedient sich dabei des Pseudonyms Simon Kraus. Das Buch wird zu einer Art Kultbuch für einen kleinen Kreis von Menschen in Deutschland, erlangt aber keine größere Breitenwirkung. H. Krause stirbt im Frühjahr 1973. – Der Ner Tamid Verlag wird Anfang 1981 aufgelöst, nachdem der Verlagsleiter, der Rabbiner Shlomo Lewin, einem neonazistischen Mordanschlag zum Opfer gefallen war.

„Der Baustoff der Welt" erschien in der Folge in einer Edition der Dharma-Buchhandlung Berlin, dann 1991 in der edition dionysos und liegt nun in dieser in der Neuausgabe von 2025 vor.

Weiterführende Literatur

im Drachen Verlag

Jochen Kirchhoff:

Die Anderswelt
– Eine Annäherung an die Wirklichkeit
2002 / 2020

Die Erlösung der Natur
– Impulse für ein kosmisches Menschenbild
2004 / 2008

Räume, Dimensionen, Weltmodelle
– Impuse für eine andere Naturwissenschaft
2007 / 2024

Was die Erde will
– Mensch, Kosmos, Tiefenökologie
2009

Das kosmische Band
– Der Mensch und seine Bedeutung für das Ganze
2010
Klang und Verwandlung
– Klassische Musik als Weg der Bewusstseinsentwicklung
2010

in der **edition** *dionysos*

H. F. Krause:

Der Baustoff der Welt / What the world is made of
1982 / 2024

Vom Regenbogen und vom Gesetz der Schöpfung
1989, edition *dionysos*

Jochen Kirchoff:

Giordano Bruno, 2025 (Neuausgabe von roro 1980)

Schelling, 2025 (Neuausgabe von roro 1982/2000)

Kopernikus, 2025 (Neuausgabe von roro 1985)

Nietzsche, Hitler und die Deutschen
– Die Perversion des Neuen Zeitalters
1990 / 2024

Naturphilosophie – Vorlesungen und Vorträge
2024

Essay-Bände

Internet-Medien:

Web-Präsenz: helmut-friedrich-krause.de
Kernthesen, Werdegang, Werke

Youtube-Kanal: Jochen Kirchhoff
über 100 Videos
Philosophische Gespräche und Interviews

Web-Präsenz: jochenkirchhoff.de
Übersicht aller Vorlesungen, Vorträge und Bücher